涙の数だけ強くなりたい！

加藤 清

父・加藤増次（平成二十四年没・享年八十六）

日高市身障福祉会にて

誕生日を祝う

葬儀の祭壇

母・加藤菫江

あゆみ俳句会にて

水墨画個展

妻・加藤美智代

（令和三年没・享年五十九）

出会ったころの美智代

結婚写真

家族とともに

船上にて

初代ブルーバードと

私・加藤　清

県議会議員のころ

山東昭子さん、今井絵理子さん

安倍元総理と

還暦祝い

選挙運動中

箱根駅伝の応援

笑顔創生
TOWA GROUP

私が植えた巾着田の桜

藤和ホーム本社

ふるさとホーム 狭山

ふるさとホーム 寄居

四季の郷 皆野

山手 なのはな館

四季の郷 上尾

ふるさとホーム 毛呂山

四季の郷 越生

さわやか 日高館

はじめに

どんな家族にも、それぞれの歴史があり、特有の背景があると思う。

わが加藤家は、私で四十七代目。伝承では藤原氏の祖である藤原鎌足《ふじわらのかまたり》に連なる人間が祖先で、以来飯能市《はんのうし》高山《たかやま》の地に住んでいたという。「関東三大不動」のひとつと呼ばれる高山不動尊常楽院《じょうらくいん》（伝承されている創建年代は、白雉《はくち》五年＝六五四年すなわち大化の改新の九年後。関東三大不動の他の二つは、成田山新勝寺と高幡《たかはた》不動といわれるが、異説あり）の檀家で、代々林業を生業《なりわい》としながら畑を耕し、半ば自給自足のような暮らしを続けてきたようだ。

その一族が日高市に出てきたのは、父が労災事故で脊髄《せきずい》損傷の怪我を負い、下半身不随の身となったためだ。車椅子生活では山間地域での暮らしは厳しい。そのため父母、私と弟は日高市で暮らすようになった。私が藤和《とうわ》ホームグループを興《おこ》して建設業や不動産業に携わるようになったのは、家業であった林業との縁である。また、現在は福祉事業を拡大しているが、福祉に力を入れるようになったのは、父が身体障がい者になったことと無縁ではない。
さらに言えば、私は市議会議員、県議会議員の経験があるが、政治家になったのは福祉の仕事をしていて理不尽に感じたことを解決するためである。

本書は、昨年の春に構想し、制作を始めたが、着手後すぐに妻のガンが見つかり、余命六か月の宣告を受けてしまったため、とても本作りなどをしている余裕がなくなってしまった。最愛の妻に先立たれ、呆然とする毎日を過ごすうちに、当初の構想とは違う形で本書をまとめてみようと思い立った。すなわち、父、母、妻、私自身の家族の苦難に満ちた物語を綴《つづ》ることで、ひとつの記録にしようと考えたのだ。それも、ただの記録ではなく、苦難に負けずに戦い、何かを勝ち取った物語としてまとめることにした。

父は働き盛りの時期に思わぬ事故で大怪我を負い、一時は医師から「生きて一年、奇跡が起こって三年」という厳しい余命宣告を受けた。だが父はその苦難に真正面から立ち向かい、リハビリと努力の末に歩けるようになった。それだけではなく、車の運転もできるようになったのだ。そして仕事に、地域の活動に全力を尽くし、八十六歳まで生き抜いた。

母はそんな父を必死に支え、知り合いのいない日高《ひだか》の地で俳句や水墨画のサークルを作り、多くの弟子に恵まれた。父の事故という逆境にも、知り合いのいない地への転居という環境変化にも負けなかった。

私も父の事故で人生が大きく変わった。行きたかった東京の大学を諦め、家から通える学校を選んだ。そして一日でも早く自立できるようにと学生のころからさまざまな商売に手を出したことが、後の人生に幸いした。最愛の家内と出会えたのも、その人生だったからこそである。

その家内は、本書の完成前に亡くなってしまったが、その闘病は私にとって人生最大の苦難であった。二人三脚のガンとの戦いでは結局負けてしまい、家内は五十九歳の若さで帰らぬ人となった。亡くなってから一年の間は、毎日泣いてばかりいたし、いっそ死んで家内のところに行きたいとも願った。

だが、そんな私にも立ち直る日がやってきた。だから本書が日の目を見たわけである。

家内の闘病記の部分は、私が克明につけていたメモを原稿にしたものである。ちょっと細かすぎるので割愛しようかとも考えたが、家族にガンと戦う人がいたら参考になるかもしれないと残すことにした。

日ごろから私は「他人の自叙伝など、読んで面白いものではない」と考えていたが、その気持ちは今でも変わってはいない。だから本書は、楽しんでもらうより、役立ててもらうつもりでまとめた。

本書のどこか一か所でも、ご自身の人生の参考にしていただけたり、何かを感じていただける部分があれば成功だと思っている。できるだけ読みやすくまとめたつもりだが、ご笑覧いただければ幸いである。

二〇二三年（令和五年）九月

加藤 清

涙の数だけ強くなりたい！　目次

第四章　妻・加藤美智代の闘病記録

第五章　未来に向けて走り続ける

家内が旅立って行った高岡の家

第一章　父・加藤増次の奇跡の再起

「生きて一年、奇跡が起こって三年」と言われた大事故から三十七年。
下半身不随になった父が自力で歩き、運転免許を取るまで。

文選工から材木商へ

父は若いころ、印刷屋で働いていたことがあった。当時はまだ鉛活字を使った活版印刷が主流で、父は原稿を見ながら活字を棚から拾い集めて文字組を作る文選工という仕事をしていた。文選工は手書きの原稿を見ながら、一字一字該当する活字を棚から探し、間違いのない文章になるように並べていく。だから仕事をしていくうちに文章に馴染んでいったのだろう。そのせいか漢字には強かった。

晩年、父は「文芸日高」という地元の文芸誌に盛んに寄稿していたが、ものを書くことが苦でなかったのは、そのときの経験があったからかもしれない。

その後、父は地元（現在の埼玉県飯能市高山）に戻り、燃料屋の商売を始めた。薪を集めて東京などに出荷する仕事だ。林業の家の四十六代目だったから、その仕事を選ぶのは自然の成り行きだったのだろう。父は七人兄弟の末っ子だったが、兄が沖縄戦で亡くなってしまったので、その遺族の面倒を見るため、結婚が遅れた。

やがて燃料屋から材木商に商売を拡大した父は、あちこちに貸家を持っていた。当時、

飯能市高山の家

山持ちは「一雨降ると財産が増える」と言われたほどの好景気だった。雨が降ると木が育つ。育った木を切って売ればお金になる。今では考えられないが、そのころの林業はそういう状況だった。

父も少しお金が貯まると、不動産屋に唆《そその》かされては町の土地を買っていた。そして、そこに家を建てて貸家にしていた。これがその後に大いに役に立った。父が労災事故で下半身不随となり、働けなくなってからというもの、加藤家の家計はそれらの貸家からの家賃が支えてくれたのだ。

一度断られた見合いをひっくり返す

一九五八年（昭和三十三年）、父は母と結

熱海への新婚旅行

婚した。父が三十二歳、母が二十五歳であった。前述したように、父は戦死した長兄の家族の面倒を見たため、結婚が遅くなった。遺族のために飯能に家を建て、子供たちが大きくなるまで自分の身を固めようとしなかったそうだ。

父と母の結婚には、ちょっとしたドラマがある。父と母は見合い結婚なのだが、見合いをした時、母は仲人に断りの返事を入れた。話もろくにできなかったので、父の印象があまり良くなかったらしい。見合いの後で母の弟が父の住んでいるところを見に来たそうだが、「あんな田舎に嫁に行くことはない」と言ったというから、それも影響していたのだろう。母の実家は秩父市内で、父の家は吾野《あがの》の町からさらに山の中に入っていった高山と

愛車ダットサンに乗る父

いう田舎だったから、そう言われたのも仕方のないことだった。

だが父は、仲人から断りの返事を聞き、その足で母に会いに行っている。帰り道の脇で母の弟たちが秩父夜祭に行く仕度をして集まっていたため、顔を合わせたくないと別の道を選んだのだが、それが母の家に向かう道だったのだ。それならちょっとお茶を飲みに寄って顔を見ていこうと思ったらしいが、母の家族はみな祭りに出かけていて、家には母しかいなかった。母はお見合いを断ったことで気持ちがふさぎ、毎年出かけていた秩父夜祭に行かず、家で留守番をしていたのだ。そこに断りの返事をした相手がやってきたのだから驚いたはずだが、母は父を家に上げ、お茶を入れてしばらく話をした。

母が言うには、「見合いの席ではほとんど話もできなかったが、一対一で話してみたら、感じのいい人に思えた」そうだ。母はそこで自分の父親に「もう一度お見合いの話を進めてほしい」と交渉したが、父親は「犬や猫じゃあるまいし、一度断ったものをやり直しりできるか」と怒って取り合わなかった。代わりにその話を聞いていた母の弟が仲人に話をしに行ってくれたので、父と母は結婚することができた。考えてみると父と母の結婚にはいろいろな形で母の弟が絡んでいる。ある意味では、この叔父は父母の結婚の恩人と言えるのかもしれない。

そんな経緯があったので、父はいつまでも「俺がもらってやったんだ」と自慢していた。

労災事故で下半身不随に（父四十九歳・母四十二歳）

その後、母は私と弟を産み、一家は順風満帆だった。それが暗転したのは一九七五年（昭和五十年）三月十三日のことである。父が作業中に事故に遭い、機械に押しつぶされて脊髄を損傷する大怪我を負ってしまったのだ。このとき父は四十九歳だった。

この時のことについては、父が一九九二年（平成四年）に「文芸日高」に投稿した「苦と楽」という作品に詳しく記されている。

＊＊＊

十時十三分、集材機を運転中、「あっ切れた」と思うと同時に、大音響とともに私は機械と一緒に約二十メートル飛ばされ、一トンもの機械の下敷きになってしまった。一瞬、この世のすべてが止まり、真っ暗になったような気がした。

ただならぬ音に近くで作業をしていた人たちが駆けつけたが、「これは駄目だ、手がつけられない」と別の作業班の応援を求めに行った。四、五百メートル離れたところで作業をしていた人たちが集まってきた。

「しっかりしろ、今助けるからな！」

八、九人の力を借りて、私はやっと救出された。私は意識がもうろうとして、この後のことをほとんど覚えていない。

やがて私は救急車に乗せられ、市内のA病院に搬送された。直ちにレントゲン写真が撮られたが、先生はそれを見るなり、「これは、うちの病院では無理だ」と判断する。

待たせてあった救急車に再び乗せられ、私はB整形病院に移送された。しかし結果は同じで、そこでも手がつけられない。三番目の埼玉医科大学整形外科に運ばれたのは、午後二時半ころだった。

そこでの精密検査の結果、私は腰椎をはじめとして八か所の多発性骨折と全身打撲を負っていることがわかった。特に第一、第二、第三腰椎が複雑骨折しており、この段階で下半身麻痺が避けられないと診断された。

＊＊＊

生きて一年、奇跡が起こって三年

父にとってはまったくの災難としか言えない事故だったが、後で仲間の人たちに聞いてみると、命が助かったことが信じられないような幸運だったらしい。父は機械の下敷きになるときに、わずかな窪みに頭がはまり込んでいたのだが、それがなかったら頭が潰されていたはずなのだ。つまり、見方を変えれば父は天文学的な確率の幸運に恵まれて、命を長らえることができたと言える。

そして、事故直後の父の状態を見て、主治医は私にこう告げた。「この状態では生きて一年、奇跡が起こって車椅子で生活ができるようになっても、腎臓がやられてしまうので、もって三年の命だろう」と。

再び父の手記に戻ろう。

＊＊＊

集中治療室での治療が始まった。昼夜を分かたぬ点滴、輸血、強心剤・抗生物質などの注射、身動きができないようにエアーで体位を固定するマジックベッド、二か所骨折している左手を牽引する二キロの重し、肩甲骨が折れているため手首と肘しか動かせない右手、そして神経が麻痺しているためにただ重く感じるだけの下半身。千丈の真っ暗な深い井戸に転落した地獄の餓鬼のようにもがき苦しむ。

親戚や家族が見舞いに来ても、集中治療室にいるため面会することができない。入室できるのは付き添いの家内だけで、そのほかの肉親は顔を見ることもかなわない。生きる気力を失いかけることもしばしばだった。

そんな私を励ましてくれたのが妻の言葉だった。

「お父さんしっかり。必ず良くなるから。私がどんなことがあってもお父さんの体を良くしますから、頑張ってね」

妻は看病疲れを見せまいと、必死になって私を励まし、慰め、看病してくれた。しかし無理をして妻が病気になっては大変と、夜は家政婦を依頼することにした。

三月二十六日、各種の検査の結果、脊椎の固定手術が行われることになった。看護婦さんにストレッチャーに乗せられ、手術室に入る。八時間に及ぶ大手術の末に手術は成功し、四月下旬からは集中治療室を出て、一般病棟に移った。病室での面会も可能になり、理学療法士によるリハビリが始まった。

＊＊＊

辛く苦しいリハビリの毎日だったが、ある日、父の病院に人気者の患者がやってきた。当時大人気だった大相撲の龍虎関が場所中にアキレス腱を切り、治療のために父のいる病棟に入院してきたのである。龍虎関は身動きのできない父のために、「努力」と色紙に書いてくれた。父はこの「努力」の文字を眺めながら、一日四回のリハビリ自主訓練をやり続けたそうだ。

外泊許可をもらい正月を家で迎える

その後、父は装具をつけて、車椅子で移動できるまでに回復した。何度も手術を受けて辛かったはずだが、驚異的な忍耐力でそれを乗り越え、ついに外泊許可をもらって家に帰ってきた。十二月二十八日のことだった。

＊＊＊

待ちに待った外泊。迎えの車に乗り込む。外の空気の旨いこと。車の窓を少し開け、外を見ながら走る。やがて車は我が家へ。久しぶりに見る庭。隣近所、家中が喜びのうちに迎えてくれる。

二度と家に帰り、畳の上に座り、炬燵《こたつ》に入ることができようなどと思わなかったことが、今このようにしている。家へ帰ったという安らぎと安心感がふつふつと湧き起こる。山峡《やまかい》のこの地に住んで五十年、今こそ家庭の温かさを身を持って感じた。

夜遅くまで家族で語り合った翌日、これまでは私がやっていた餅搗《もちつ》きを、二人の子がやってくれる。慣れぬ杵の音にも子供の成長を感じる。

「長い間心配や苦労をかけて済まない。これからも頑張ってくれ。頼むよ」

と、心に念じながら、部屋から餅搗きの姿をじっと見る。目頭がじわりと涙に濡れてくる。声を出して泣きたいが、じっとこらえる。

松飾り、屋敷神への注連飾《しめかざ》りと、子供たちは兄弟で気を合わせ、見よう見まねでいつもと同じに飾り付けてくれる。そして、感動の新年を迎えた。


親子四人で心から打ち解け、喜び、語り合う。子供たちの進学、将来への希望の話題に花が咲き、確かな成長を感じる。一番心配していた年頃の心の歪みもないようだ。これでひと安心とほっとすると、おせち料理もいつになく美味しい。

食欲も進み、箸がつい動く。しみじみ味わう家庭の味、一家団欒。こんな思い出に残る楽しい正月は、生涯にまたとないであろう。

＊＊＊

リハビリ中の父（左）

温泉病院での三年間のリハビリ生活

正月明けの一月十六日、父は山梨県の甲州中央温泉病院に転院した。最初の病院からは「退院して自宅で生活訓練をしたら」と勧められていたが、父は「この状態で退院したら、二度と歩くことができない」とそれを拒否し、温泉病院でのリハビリ治療を希望していた。それが叶ったのである。

父は暮れから正月にかけての数日間を家で暮らしてみて、身障者用の設備がまったくない山峡の家で暮らすことの困難が身に染みたのだろう。少なくともあの家で暮らすためには、杖をつきながらでも自分の足で歩けるくらいまで回復しておかなければならないと悟ったようだった。医師は「もうこれ以上良くなる可能性はないが、寒いうちの三か月くらい温泉病院に行ってみるか」と、しぶしぶ許可を出してくれた。

＊＊＊

集尿器、ポータブルトイレを積み込み、兄の運転する車で姉、妻に付き添われて甲州中央温泉病院に向かう。山間の景色は旧笹子《ささご》トンネルを抜けると一変し、ブドウ畑の続く中を走って笛吹川《ふえふきがわ》を渡る。

車椅子で狭い廊下を左へ右へと看護婦さんの案内で進む。やっと着いた二十二号室は暗い四人部屋だった。同室の人はまだ誰もいない。埼玉医大の新築間もない本館と比べると、天と地の差だ。とんでもないところに来てしまったと不安が募《つの》る。妻は衣料や日用品を手の届くところに整理している。

午前のリハビリを済ませると、同室の人たちが入ってきた。入院の挨拶を交わす。この部屋は窓が少なくて暗いが、裏にトイレがあるので用を足すには便利だと教えてもらう。部屋は暗いが、同室の入院患者は東京からの人が多く、気さくで明るい。これなら大丈夫とひと安心する。

いろいろな検査が終わり、二月に入るとリハビリは本格的になった。朝九時半に機能訓練室に入り、マットの上での訓練をする。とにかく心身ともに疲れるが、廊下に置かれた生け花を見て疲れを癒やす。理学療法士による全身の強化運動は、冬でも体に汗が浮かぶほどだ。腹が減るので、昼食がじつに旨く感じる。

週二回は温泉療法である。特別の温浴室で先生の指示に従い、湯に浸かりながら各種の訓練をする。流れる湯が体に当たり、何とも言えない良い気持ちになる。外では立つことができない我が体が、湯の中では手すりにつかまって立つことができる。五回、十回とくり返す。それから歩行訓練。浮力を利用して足腰の屈伸強化運動。

部屋の先輩たちもよく面倒を見てくれた。そして実によく訓練をしている。それを見ていると、入院して良かったと感謝の念が湧いてくる。自分の体は自分で治すのだ。何としてでも歩けるようになりたい。そのために、昼間は車椅子を使わないことにした。長下肢補装具と松葉杖で、エレベーターを使わずに階段を上り下りする。

三月の桃の季節、四月の桜、夏から秋のブドウシーズンが過ぎる頃、長下肢補装具が膝から下の短下肢装具となった。小さな装具は軽くて歩きやすいが、まだ筋力が弱いため、気をつけないとガクッと膝折れして転倒してしまう。気力が萎《な》え、二、三日はリハビリをする気にもならないが、先生から励まされる。

「心配するな。今までは支えがあったから転ばなかっただけだ。少しずつ力をつければ、だんだん良くなる。元気を出すんだ」

「そうだ。家で待つ家族のためにも頑張ろう」と、再びリハビリに精を出す気力が湧いてくる。そのうちにリハビリの効果が現れ、グラウンドでの歩行距離が伸びていった。午後の自由時間は、病院の仲間たち、自称「ヨイヨイ横町歩け歩けの会」十数人と、外を歩く。ブドウ畑の中の農道、商店街、ときには店に入って買い物。親睦を兼ねた歩行訓練は楽しい。いつしか入院して二回目の正月が過ぎていった。

＊＊＊

そしてリハビリ入院が三年を迎えた頃、父は歩行用の装具をつければ、杖をついて歩けるまでに回復した。それまでには筆舌に尽くしがたい苦労があったはずだが、父は弱音を吐かず、自分の目標である「自分の足で歩くこと」を実現した。

再び運転免許を取る

父は三年にわたる入院生活を終え、家庭でリハビリを続けることになった。だが、高山の家は昔ながらの段差の多い大きな家なので、車椅子や杖をつきながらの生活は危険である。そこで私は父と相談し、新しく障がいを持った人が暮らしやすい家を建て、一家で引っ越すことを計画した。日高に貸家にするにはやや不便だということで、更地のまま放置してあった土地があったので、そこに段差の少ない家を作ることにした。今でいう、バリアフリー住宅である。家の設計は父と私で行ったが、父は実に嬉しそうに作業をしていた。怪我で一度は諦めた「自分の家を建てること」が実現することになったからだろう。

幸い、父は材木商で、山も持っていたから、家を建てる材料には事欠かなかった。父と私による家の設計が終わると、私は父を連れて高山に行き、父の指図に従って家で使う柱をどの木にするかを決めていった。結局、この家の柱は、すべて自前で準備することができた。床柱には父が前から自分の家を作る時のために保管していた西川材の天然絞り丸太を使った。天然絞り丸太は非常に希少なもので、父は二本手元に置いていたが、もう一本

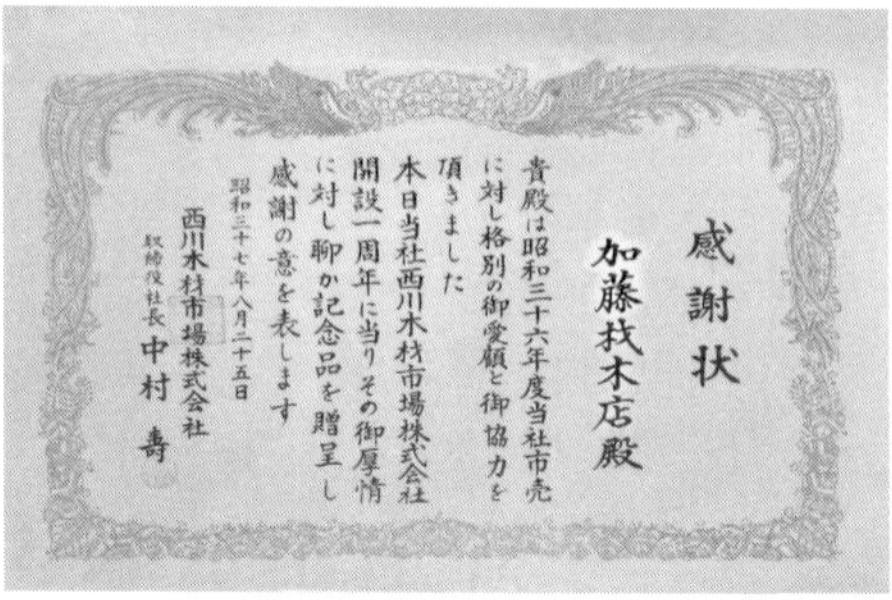
感謝状

加藤材木店殿

貴殿は昭和三十六年度当社市売
に対し格別の御愛顧と御協力を
頂きました
本日当社西川木材市場株式会社
開設一周年に当りその御厚情
に対し聊か記念品を贈呈し
感謝の意を表します

昭和三十七年八月二十五日

西川木材市場株式会社
取締役社長 中村 壽

現存する最も古い賞状

は当時の金額で百万円で売れたという。

父が手すりを伝って移動できるようにと、家の中のすべての箇所には手すりを付けた。もちろん、風呂場もトイレも手すり付である。この家は一九七九年（昭和五十四年）、父が五十三歳の時に完成し、父と母が一階に、私と弟が二階に住んだ。

父は退院してからリハビリのため、埼玉医大リハビリ外来に通院するようになった。朝九時に機能訓練室に入り、自主訓練をしてから理学療法士との厳しいリハビリを受ける。その後は歩行訓練だ。一回の通院での所要時間は三時間。その間、車で送迎する母はじっと待っている。父はそれが心苦しかったらしく、もう一度運転免許を取って自分で車の運転をしたいと思うようになった。父は怪我をする前は普通免許はもちろん、大型免許も自動二輪の免許も持っていた。

＊＊＊

妻の運転による病院通いは、リハビリの間、三時間近く待たせる。これが妻には唯一の休憩時間かも知れぬが、心は安まることはあるまい。半年一年と妻の運転では大変だ。付き添い、運転手、家事、世間との付き合いと考えると、二人分以上の労働だ。これでは私のために妻がまいってしまう。それこそ一大事！　二人の人生は長いんだ。私が免許を取ればよいのだ、取ろう！　車で自由に移動できるようになれば、通院はもとより、社会復帰も夢ではない。今では妻がいないとダルマと同じだが、妻にばかり頼ってはいけない。そう思うと希望が湧き、明るい光が目の前にさし込むように思えた。

＊＊＊

父の運転免許は入院生活の間に失効していた。その件を父が警察に問い合わせると、入院証明書と旧免許証を添えて大宮の運転試験場に申請すれば、実地検査を受けさせてもらえるということがわかった。それに合格すれば、免許証が交付されるという。

だが、免許を取りたいという父の願いは、母に却下された。まだ退院したばかりで社会生活にも慣れていない。事故でも起こしたらどうするのだというもっともな反対理由だ。父も母の真剣な態度に、いったんは免許の話をあきらめた。

そんな父を見ていて、やがて母が態度を軟化させた。父の社会復帰のためには、自分で車を運転できることが必要だと悟ったのだろう。車をオートマチック車に買い替えて、どこか安全な場所で十分に練習すればいいということになった。

＊＊＊

「ねえ、車を買い替えて、免許を取ったらどう？」と妻が言い出したのは、五月の節句も間近となり、高麗郷《こまごう》に鯉のぼりが立つころであった。二人で病院から帰り、渋茶をすすりながらの一時のことであった。

暖かい妻の心。決心するまではいかばかりの思いだったろうと妻の心情を察すると、強情な私でもまともに顔が向けられず、間をおいて「ありがとう。気をつけるから」とただひと言。まるで未知の世界に旅立つような思い。張り詰めた気持ちが互いに吹っ切れたとき、嬉しいような、恥ずかしいような。夫婦ってこんなものなのだろうか。

さあ、これからだ。早速、オートマチック車を探す。当時はオートマ車はまだ少なく、やっと探し当て、一部改造した。当時、武蔵台の造成地は道路は整備されていたが中程から上は住宅がなく、ここが格好の自動車の練習場となった。

＊＊＊

しかし、父が自由に車を動かせるようになるまでには、ずいぶん時間がかかった。何しろ両足に力が入らないのだから、相当の訓練をしないと、アクセルもブレーキも踏めない。一週間経っても、十日たっても、なかなか上達しなかった。その間、母は助手席でしっかりとサイドブレーキを握りしめ、いつでもブレーキをかけられるようにして父の運転を見守ったそうだ。

ようやく運転に自信をつけて、父は大宮自動車試験場に向かった。結果は合格。「補装具着用、普通車のオートマチック車限定。大型、自動二輪、原付は失効」という条件つきではあるが、晴れて父は自動車免許の保持者になることができた。不自由な足がペダルの間に挟まってしまわないように、父の車はブレーキペダルを改造して、位置を少しずらした。

人力車で川越観光

苦難からの復活を身を持って示した父

それから四年間の通院リハビリが終わり、父は社会復帰を果たした。私は父と力を合わせ、一九八四年(昭和五十九年)六月に高齢者・障がい者に優しい家作りを目指す藤和ホーム株式会社を設立した。初代社長には父が就任し、私は弱冠二十五歳にして専務となった。

父の活動はそれに留まらず、自分と同じ境遇の障がい者を励ますため、ボランティア活動にも取り組んだ。その結果、日高市身障福祉会の会長を十八年間も務めることになる。一九九七年（平成九年）には第四十二回日本身体障がい者福祉大会（新潟大会）に参加した。

生涯で十五回以上の手術を受け、「生きて一年、奇跡が起きて三年」と宣告された父は、二〇一二年（平成二十四年）八月十七日、八十六歳の波瀾万丈の生涯を閉じた。刻苦勉励、努力が不可能を可能にすることを周囲に身をもって示してくれた素晴らしい人生であった。

最晩年は糖尿病による壊疽《えそ》のため、足を切断する手術を二回受けた。そのため二年間くらいは寝たきりの生活になってしまった。しかし、気の遠くなるようなリハビリの訓練をしていなければ、父は事故の後ずっと寝たきりだったはずだ。もしそうなっていたら、こんなに長く、充実した人生を送ることはできなかったかもしれない。

私は時々、父がどうしてこんなに頑張れたのだろうかと考えることがある。もちろん、持って生まれた気質や母の支えは大きな要因だっただろう。だが、それにも増して父の背中を押したのは、父がまだ四十九歳という若さであり、私と弟がまだ子供で、社会に出るまで間があったという家庭的な背景であったかと思う。

たとえ満足に体が動かせなくても、自分がしっかりと家を支えなければならないという義務感、責任感。そういったものが、苦闘としか言いようのないリハビリを継続させたのだろう。そうして父は五十三歳で社会復帰を果たした。

その後の父を知っていただくために、父が書き残した二編の文章を以下に掲載する。

父の遺稿その一

「木の住まい造り」　加藤増次

入院中に障がい者に利用しやすい家屋の改修か、別な処に新築か迷った。長男はもっと便利な所へと言う。妻はこの地を死に場所と定め嫁ぎ二十年住み、不便ながらも、日常生活に不自由は一応感じなく、ＰＴＡ、母子愛育班、婦人会活動にと、油がのって来たところで、近隣、友人と離れることは忍びがたいと言う。そこで両者をどう治めるかが問題。私としては、隣に行くにも坂道で、健常者には感じられない不便があり、長男の就職・嫁とりなどと将来を考え、妻に山を下りることを再三勧め、理解を得るのにだいぶ手間どった。

埼玉医大病院にリハビリ通院の帰路、飯能市役所福祉事務所に立ち寄り、障がい者の住宅について、参考意見を聞く。車椅子生活で、最近家を建てたという方を紹介いただき、双柳《なみやなぎ》のＡさん宅を妻と訪問し、親切に内部を見せてもらった。障がい者、特に「脊損」患者同士でなければ他人には話せない苦労話、お互い率直な意見を交し、時間の経つのも忘れ、話し合う。有意義で大変参考になった。入院中知り合った鹿山《かやま》の小岩井さん、川越のTさん宅も訪ね、見せていただき、いろいろとお話を聞かせてもらった。

この方達の場合、日常車椅子生活なので、割り切って、車椅子用の家だったが、私の場合は近く車椅子生活になることは予想されるが、今すぐに車椅子用住宅というわけにもいかず、特に山林業に生き、木材を業としてきた者にとっては、クロス張りの柱の見えない住宅には、抵抗を感じる。数百年にわたり西川材として誇ってきた地元の杉桧材も、外材の輸入、建築方式の進歩により、地場産業の林業、木材関係は衰退している時だけに、少しでも木材を多く使った和風の家を建て、木の良さを知ってもらいたいという自分自身の強い気持ち、家族、長男の希望、健常者と重度障がい者の生活しやすい家造りを、どう調整するかということが、最大の難問だった。

場所は高麗、高岡に農地が都市計画線引（昭和四十六年）以前に取得、宅地として既存権も得てあるので、その地と定め、建物の設計を素人ながら始める。土地は百三十坪、外に接道部分が狭いということで買い増しをしてあったが、もともと、この地へ自身の住まいを建てることなど予想などしたこともなく、地形がややくの字形をしているが、貸家が二軒建てられると思い購入しておいた土地で、この地形に一軒建てようというのは無理で、何度となく間取り図を書き、長男とつき合わせ、検討をする。

玄関を上り廊下は一・八メートル、右側の南東の日当たりの良い所に日常生活を営む居間、車椅子生活になった際使う部屋、廊下左側に応接間、その奥西北に床の間、廊下つき当り右に風呂場、洗面台、左に洋式トイレ、廊下との仕切も「アコーデオンドア」に簡単に取り替られるように、柱を除き方立《ほうだて》引戸に、食堂入口等廊下に面する出入口は引戸に、車椅子利用が可能なように、限られた面積、悪い地形に普通住宅としての機能を保ち、なお障害者の利用しやすい設計、しかも大変やっかいな建築基準法にも適合となると至難であったが、二階を入れ四十七坪にまとめ、間取図、建ち上り、東西南北の外見図も作製、家族の合意、大工さんとの打合せ、屋根、化粧垂木《たるき》、戸袋、霧除け等、内外部取付け材についても詳細に相談し、木拾い《きびろ》（積算見積もり）を依頼する。

材質の良い時期を見、立木を伐採し、葉干しを約一か月、造材には、自からも自宅近くの山に両杖で入り、桧通し柱、普通柱材、梁材等の構造材、造作用材、樹種、木質を見ながら玉切り作業を指示し、木馬《きうま》(木材の搬出に使うそり)により道路までの搬出作業をする。

木馬に一段ごと数本ずつロープで緊結し、二段または三段目に俗に「カジ棒」と言う長い丸太を一・五メートルぐらい出して積み、「〔」の字形をした金具を打ち込み、これを持ち、坂の角度により、ワイヤロープを一巻、二巻と「カジ棒」に巻き、手かげんで、ブレーキとし、自由自在に急坂を滑り下りて来るさまは、まさに杣《そま》の根性と技術である。

数日にして、土場に山と積まれ、製材工場へ運んで製材した。朝早く埼玉医大病院へ行き時間待ちをして一番乗りにリハビリを済ませ、長沢の製材工場へと行き、木拾い票を見ながら原木の切口に製材の寸法を書く。帯鋸《おびのこ》から迸《ほとばし》る木クズ、原木から製材される製品、木の肌ざわり、杉、桧、松とそれぞれ違った感触。木の香、時には頬を擦りつける。木を愛し木を知る者にとっては、この感触はたとえようのない、本当の木ざわりとというのだろうか。特に無節《むふし》の桧の通し柱を左から右へ右から左へと眺めていると、年輪が細かく、油がのり、見事である。この世の煩わしさを一瞬忘れ、ただ聖地へ足を踏み入れたような、無垢《むく》の境地に没入する。

子供の時からの裏山の木、私が生まれる前祖父が植えたという木、我と共に育ち戦中最後の枝打ちを一本一本した木、あの大雪の時など、雪の重みに耐えきれず、悲鳴をあげるかのごとく折れる木の音には、身を引き裂かれるような思いがしたことなどつぎつぎと甦《よみがえ》り、当時五十余年の我が人生と共に成長して来た木の心の奥を一本一本の年輪と共に木肌に現わしている。

製材された構造材は大工さんの作業場へ、造作材は自家置き場へと引き取り、輪場に立て自然乾燥を待つ。伐採から造材、搬出、製材と半年余りにわたった材木が、大工さんの手により切り組み作業に入る。この間、地鎮祭、宅地造成、基礎工事と行い、暮も押し迫った昭和五十四年十二月二十五日、上棟。

この日ばかりは通院も休み、朝から妻と現地に立つ。頭・棟梁を中心にかいがいしく働く職方さん、輸入材と違い地元材のためか、「掛け矢」の音もひときわ高く、高岡の地に一日響く。前日から始めてあった上棟作業、日の短い師走、夕闇も迫る中、妻の手により墨痕《ぼっこん》鮮かに、「祝上棟加藤家四十六代増次之を建つ棟梁村田大工飯能市大字高山百七番地より転住昭和五十四年十二月吉日」と記された。幣串《へいぐし》が棟高らかに立ち、速製の矢のつがえられた竹の大きな弓が北方に立ち、棟の祭壇には海山の供物を供え、棟梁による祭事を行なう。本来なら真っ先に上りたいところだが、下からこの様子をじっと見つめる。

下では速席の焚き火をかこみ、宴会湯がしつらえられ、頭・棟梁・職方・隣接地主さんなどが並ぶ。地元区長日野さんの挨拶に、「私も高山へは重要文化財保護整備事業の一端としての、大公孫樹《いちょう》周辺石垣工事に参加し、地元の文化財を護る皆さんの苦労、また人情の厚さには深く感銘しました。ここ高岡も日和田山の麓、環境も良く、歴史的にも早く開け、近くには高麗神社をはじめ文化財に富み、大変良い所で共通点も多く、安心して住んで下さい」と心暖まるお言葉。なるほど何処でも話し合えば理解し合えるものなのだと思い、高麗高岡に住むことの一まつの不安も消え、晴れ晴れした気になる。職方をはじめ宴も盛り上り、最後に頭の木遣《きや》り音頭で手締。

目まぐるしい暮も過ぎ、新春を迎え、屋根も葺《ふ》け、大工さんも約一か月中止。その間、接合部の密着と乾燥をはかる。三月、工事を再開し、外部腰部は杉板鎧《よろい》張りにし、上部を漆喰《しっくい》仕上げとし、木をふんだんに使う。内部造作も、一見変わらない玄関の床高も、補装具を最も着け易く、立ち上り易い位置、理学療法士の意見を参考に何度も実験し、高さを決める。

限られた面積に廊下は広く、車椅子で日常生活が営めるよう、食堂、浴室、トイレ等は一か所への集約、段差の最少、出入口の引戸など配慮する。私の説明不足か、特注の立派

日高市に建てた家

な洗面台を建具屋さんが取り付けたが、腰掛けで使う場合不都合なので、作り替える。浴槽も手掛けの付いたものを選び、浴室、トイレ等にはステンレス製、廊下、階段等は特製桧の手摺を取り付け、電話器も各部屋、玄関と通じるようにし、日常生活に使う各所には、特に障がい者が利用し易いよう注意をはらった。

上棟後一年の昭和五十五年、家も完成。十二月十八日、先祖伝来、自身も五十余年住み馴れた土地を後にすることとなり、お墓参りを済せ、万感胸に迫り、近隣の皆さんに別れを告げ、生地を離れ、希望と将来の夢、特に体の良くなることを期待し、新居へ転住したのは、暖い大安吉日の良き日であった。

家族皆疲れはてているが、夜遅くまで話はつきない。外にも何度となく出、家の周囲を巡る。やがて月も日和田嶺に傾く。棟、隅木、化粧垂木と淡い月の光に照され、土手の楢の木がすっくと棟より高く梢の先まで寒空に浮かび、これが背景となり、新居が一段と映え、月も我が家を讃えているかの如き夜であった。

父の遺稿その二

「戦後五十年を振り返って」　加藤増次

真夏の空、青い空、何時もより暑い暑い真夏日。空の青さと異り、世相は混沌とし、落着かない。あの日、昭和二十年八月十五日正午、玉音放送により、終戦。

広島、長崎に原爆投下……。本土決戦は避けられ、永い戦争はやっと終わった。軍国主義から民主々義へと一大転換、郷は軍需工場から帰った若い女性、引上げ軍人と、今まで若い人は一人も居なかった山里に急に若者が還って来る。

終戦後食べる物、着る物も無い。そんな中で、人々は猫の額程の畑を耕し、食糧を作り、山に入り山林の伐採、搬出、秋から冬には、木炭、薪の生産。仁徳天皇は竈《かまど》の煙の立ち昇るのを見て喜ばれたというが、山の上から見る郷はあちらこちらと炭焼く煙が立ちこめ、盛況を呈した。

当時は、東京に住む人々が、駅から歩いて一時間半もかかる山里へ、食糧の買い出しはもとより、燃料の炭まで、山の窯元まで、大きな「リュック」を背負い買い出し。それも時々駅近くの辻で、物価統制令違反とかで捕まり、なけ無しの金をはたき、一里（四キロ）以上の道を背負って来た大切な燃料を警官により没収され、数回捕ると悪質者とみられ、警察に留置されるという物資の無い戦後。

非農家の校長先生が、食べ盛りの我が子の情況を見、背に腹は変えられないと、校長職を退き、炭焼きになったりと、インフレの進行もはげしく、先生の給料で、ヤミ米（配給以外の米）、麦を買うと半月分で終わるというご時世。いかに物が不足し、インフレがはげしかったか、今の物の豊かな、消費は美徳なりと言われる社会では考えられない。

戦後の人々は、何んとか立ち上がろうと、老いも若きも働きに働き、化学肥料など無いときで、人糞・堆肥等の利用、供出用の食糧増産、燃料の薪炭、復興資材としての木材の生産と働いた。娯楽の無い戦後、明るく生きようと、夜は若者が集まり、素人演芸を練習し、素人演芸会が一時大流行した。

演芸会終了後の慰労会に、酒など無いので、アルコールをヤミで手に入れ、水でうすめて皆で飲み、夜を徹しての酒宴となり、朝起きると目が見えない。メチルアルコールにやられたかと思うと、居ても立ってもいられない。一時間半ほど目をつむり、じっと耐える。仲間は大丈夫だろうか、不安におののく……。

当時はメチルアルコールを飲み、失明する人、なかには死亡した人もいると聞いていた。工業用アルコールでもないと手に入らない。わずかなアルコールを飲み交わし、皆で楽しんだ。もしや失明かと大変心配していたが、やがて目も見えて来たので一安心……。

経済の復興も少しずつではあるが良くなり、生活必需品も、ヤミで少しは手に入るようになり、還った若者達は恋も芽生え、結婚へと、やがてベビーブームへと進み、社会も落着き始め、朝鮮事変が起き、日本国内も米軍の特需景気により、国内経済も急成長をとげ、警察予備隊が創設され、やがて自衛隊へと発展、アメリカの対日政策も変わって来る。

私の職業も経済の発展と共に変わった。終戦の年は、まず食糧作り。冬は山に入り炭焼き、二年目は薪炭林を購入し、多くの人を雇い、自家生産と共に村で生産される製品を仕入れ、販売業に専心する。友人が払い下げの旧軍用トラックが手に入るということで、資金援助をし、薪炭の運送には専らこれを利用することにした。

元軍用自動車は日産製木造車、燃料は木炭を焚き、「ガス」を発生し、この木炭ガスをガソリンの代用に使って走る木炭車。助手は朝一時間前に出勤し、炭をガス発生ガマで焚き、ガス清浄機を掃除してなど、たっぷり一時間かけて、自動車が動くようになる、クランク棒と言う物を使い、何回となく手で力一ぱい回しエンジンを始動させ、出力調整して、やがて発車となる。今日の車社会を思うと、想像もつかないシロモノ。バスも木炭または薪を細かくし、発車前には煙をモクモクとはいて薪を焚く。駅前のどこのバス車庫にも薪が山と積まれていた。吾野谷津を走る自動車は一日数台で、材木か薪を運ぶ車。馬力車が荷物を積み、ガタゴト砂利道を運ぶ方が多い戦中戦後。現在の整備された二九九号国道と通行車輌を見ると、当時を想起できる人も少なくなった。今の車社会の人に、薪や炭で自動車が走ったと言っても、想像もつかないことで、信ずる人はいないのではないか。

販売は各地で面白いように売れた。二、三年経ち、石炭、練炭も出回り、都会では石油コンロという便利なものもボツボツ。戦後の本格復興を考え、木材業へと主力を転換する。

立木を仕入れ、多くの人々により原木を製産し、販売を主としたが、仕入れ方法は、山主の入札方式が多く、一入札に十数人の業者が集まり、高札者に売り渡す。特売は信用のある出入業者に直売する方式。初期は前者が多く、年が経つと後者が多くなった。

立木だけを買うのではなく、土地、地形を買えということを古老に聞いた。まさにその通り、地形の良い所は思い切り高く買っても、木の懐が良く、材積、材質共に見積より良い。地形の悪い所は反対に少な目に見積ってもなお悪い。このことは人にも言えるのではないかと思われる。親を見れば子は分かる、家を見れば人は分かると言われ、周囲の環境により、人も植物も変わるということが分かる。

原木製産も建築用材から、一時期は電柱用材に力を入れ、深川の防腐工湯へ直納した。やがて、日高に防腐工場が進出し、工場への納入となった。広い置場には、電柱用材、鉄道用枕木が山と積まれていたが、今はコンクリート柱に取って変わられ、当時の防腐工場の面影はない。

戦後三十年代、飯能地方に活況を呈した製材工場も、四十年後半には外材が国内需要の半ばを越し、林業従事者も高齢化、若年者の従事者は皆無に等しく、西川地方の林業もこのままでは立ち行かなくなり、何か良い活性化対策はないものかと思考していた最中である。あの事故により、四十九歳、これからというときに三年間の入院、四年のリハビリ生活の後、社会復帰。日高に住み、現在の会社を設立。事業も予想通り順調に発展と思いきや、バブルの崩壊という大きな試練を乗り越え、日高に住み十五年、戦後五十年という大きな節目を迎えた。記憶も薄らぎつつある。戦後の物資が欠乏し、何一つ自由に手に入らず、山奥にまで買い出しの人々が入り込み、僅かな麦、諸類《いも》の食糧をはじめ、それを煮焼きする薪炭まで「リュック」を背負い求める、焦土と化した日本は惨めだった。食う物、着るもの、住む家もなく、まさに難民生活そのもの。それが「欧米に追いつけ、追い越せ」を合言葉に努力を重ねた結果、世界第二の経済大国、長寿は世界一と言われるまでになり、そして生活も信じ難いほど豊かになった。あれから早や半世紀、当時の悲惨さを体験、知る人は少なくなり、やがて忘れ去ろうとしているとき、一人の山人の時代と共に生きざまを綴り、戦中戦後の悲惨さを想起し、次世代に語り継ぎ、世界の恒久平和の実現に向けて行動して行くことを訴えて行くのが、二度とあってはならない、戦争体験者の務めでもある。

人間社会お互い、己の行動は正当化しがちだが、相手の立場を思考するということが、最も大切ではないか。中曽根康弘首相は、八三年に日本の首相として初めて韓国を公式訪問した際に、全斗燦大統領から「人を殴った方はすぐ忘れるが、殴られた人はそうすぐ忘れられるものではない」と言われたことを、今でも忘れられないという。元首相は、日本人は肝に銘じておくべきだと、力説されたという。過去に迷惑をかけた国と国民に対する謙虚な態度こそが、アジアの人々とのつき合いの基本であると語ったと、いうことを聞いた。

自分だけ良ければ、己だけ長生きすれば楽しいだろうか。それでは浦島太郎になってしまう。相手の立場を先に考えることにより、争いも無く、暴力も無くなり、世間の人と手を携えて行けるのだと思う。

私達身近な問題、核家族と急速な高齢化社会も共助共生の心を尊べば、お互いに老後も明るい展望が開けるのではないか。他人を良く思えば、自ずと我が心も満ちたり、心身共に健やかに、安らぎをおぼえ、幸せと思えば争いは起きない。世界の平和と長生きの理念は一致するものと思う。

父の俳句

次の章に登場する私の母は、俳句の先生として日高では知られた存在になったが、父もまた俳句に親しみ、いくつかの句は日高の文化俳壇で特選、佳作などの賞をいただいている。以下に作品のいくつかを紹介したい。

身障の絆深める春の宿

両杖を恥じぬ余生や梅祭り

高麗殿の楼門かすむ花吹雪

西川の磨丸太や風光る

矢車と緋鯉真鯉の吹き競い

父母と私、長女と長男

孫に解く茄子馬謂れ盆飾り

特選に胸高鳴らせ霜の道

割れ土蔵松飾りある旧家かな

巾着田樹間に万畳彼岸花

蒟蒻《こんにゃく》をぶら下げ冬至に友が来る

桑担ぎ男小さくなりにけり

夏草や旧家の腰の鎧張り

深山路の大峠小峠蝉しぐれ

埼玉県福祉運動会にて

赤蜻蛉《とんぼ》好みの棒に又戻る

幣串《へいぐし》を仰ぐうからや風光る

今日がすみ寝息も深し七五三

年の瀬の躄《いざり》て磨く長廊下

母ひとり米研ぐ厨に法師蝉

両杖に仰ぐ社頭や初参り

晩酌に妻の自慢の木の芽和

父と母、私と家内と弟、それに伯母と叔父

わが家族の「苦難と復活」

私は本書のテーマを漫然と「わが家族の物語」として綴り始めたが、この父の章を書き進めるにつれて、わが家族を繰り返し襲ってきた「苦難」について思いをいたすようになった。父の大苦難は母の人生を変え、私と弟の人生を変えた。障がい者に優しい家作りを目指した藤和ホームは、今では弟が社長を務めている。父を見ているうちに気づいた日本社会の障がい者に対する冷たさをなんとかしようと、私は市議会議員や県議会議員に立候補し、当選してさまざまな活動をしてきた。今では福祉の事業と活動に自分の生活の多くを割いている。

そして、これは私の章で詳述するが、私にも大きな苦難がやってきた。最愛の妻の死と自分の発病である。どうやら、わが加藤家には「苦難と復活」という大きなテーマが天から与えられているらしい。その先頭バッターであった父は、見事にその課題を克服し、私たち後に続く者に立派な見本を見せてくれた。

肩かりる妻のぬくもり梅祭り　　増次

増修良善居士　二〇一二年(平成二十四年)

八月十七日　四十六代　増次　八十六歳

誕生会での父

第二章　母・加藤菫江の芸術開花

父の介護で人生が大きく変わった母は、日高の地で俳句と水墨画の創作に目覚めた。数多く賞を獲り、個展を開いた。

父親の血を受けて芸達者だった母

母の父は多芸な人だった。俳句に短歌、尺八に横笛が得意だったという。横笛では秩父夜祭りの屋台でよく囃子方をやっていたそうだ。母が言うには、母の父は美男子だったので、踊り方としても引っ張りだこだったという。

そんな父親の血を受けたのか、母は俳句と水墨画をやっていた。俳句を本格的に始めたのは父が障がい者となり、リハビリの末に日高市に家を建てて転居してからのことだが、それ以前に自己流の俳句はいくつか作っていたらしい。「空襲警報」や「警戒警報」という言葉が織り込まれた句が、母のノートに残っている。

母が本格的に俳句を始めた処女作は、いきなり俳句の大会で一位を取ってしまった。それで面白くなったのか、母は俳句に夢中になる。父のサポートをするため、母は近所の女性の中では一番早く自動車の運転免許を取ったが、その免許を生かして飯能の俳句大会によく出かけて行った。

母と弟・博

　そこでも次々と入賞してしまうので、俳句仲間は母の顔を見ると「ああ、また菫江さんにみんな取られちゃう」とぼやいていたそうだ。母の名前は菫江だが、俳号は澄泉と名乗っていた。

　母が水墨画を始めたのは俳句の何年か後だった。公民館主催の水墨画教室があり、書道もやっていた母は興味を持ったらしく、そこで習い始めた。こちらもセンスがあったらしく、描いてみるとなかなか味のある作品が出来上がった。今でも我が家には母の水墨画作品が額装して飾ってある。

　母の水墨画に関しては、私の弟が時々アドバイスをしていたらしい。弟は美術が好きだ

作品と母

ったので、「あそこはこうしたら」みたいなことを言っていたようだ。

だが、天才肌の母にとっては、アドバイスがあろうとなかろうと、勝手にどんどん描いていくうちに作品が出来上がっていった。本人が言うには、「熱中っていうか、描くとやたら描けたんだよね」ということだ。

やがて母は水墨画教室を始め、生徒を集めて教えるようになった。大量に描いた作品も、乞われるままに生徒にあげていたので、我が家にはごく一部しか残っていない。

母に水墨画を描くときのコツを聞いたことがある。「描いていくと自然に何かが描けてくる。これは龍になっちゃったから龍でいいわとか」ということで、要するに何を描こうと決めて描き始めるのではなく、なんとなく描いてるうちにできあがるというパターンだったようだ。

これは母の祖父も、母の父も同じだったらしい。母は祖父から「何も考えないで描いていたら龍の絵になった」ということを聞いていたそうだし、母の父は肖像画を描くのが得意だったが、それも適当に描き始めるとちゃんと肖像画になっていた。

そんな母だが、数年前に水墨画を描くのをやめてしまった。描くには体力がいるし、道具を出すのが億劫になったのかもしれない。最後の作品は年賀葉書で、毎年干支を水墨画で描いていたのだが、三年くらい前からやらなくなった。

誰よりも早く自転車に乗れた母

母は秩父の出身である。秩父と言っても広いが、品沢という小鹿野町と皆野町の中間にある町の生まれだ。お転婆な娘で、幼い頃から自転車に乗れたのが自慢だったらしい。もちろん当時のことだから幼児用の自転車などはなく、大人の自転車に「三角乗り」という

バイクの前で

フレームの中に体を入れて乗る方法で走り回っていた。

学校が遠くて二里ほど離れていたというのも、自転車乗りを覚える理由だったようで、同級生の中でも一番遠い子供だったから、毎日自転車で通学していた。

本人に言わせると勉強はできたほうだったという。その証拠に、と母が胸を張るのは、父と母の結婚式の時に小学校の担任の先生が出席したのだが、それは「ぜひとも俺を呼んでくれ」と頼まれたからだという。成績優秀な子供でなければ、そんなことは言われないだろうと。

その先生は、亡くなる少し前にも母に会いに来た。隣町にある埼玉医大に入院していた

母が自分で仕立てたウェディングドレス

時、母の家が近くにあることを思いだしたのだろう。「菫江さんの家に行きたい」と言い出し、看護婦二人に連れられてやって来た。そのことも、母のささやかな自慢の一つだ。

父と母の結婚だが、母に言わせると少し雰囲気が違う。最初の見合いの時は「あまりかっこよくなかったから」と断ったのだが、その後で父がオートバイで家まで乗りつけてきた時は「かっこよかったから」と惚れ込んだようなのだ。

それもただ「かっこよかった」だけではなく、「この人なら商売のほうも時代よりも先に進んでいけるかなと思った」というのだから、ただ見た目に惚れただけではない。そんその母も九十近くなって独り住まいが限界となり、今は施設にいる。運転免許も返納し、俳句のメモ帳だけを肌身離さず持っている。水墨画教室は閉めてしまったが、そのことについて母はこう言っていた。

「後を継ぐ人がいなかったんだよね。やっぱり、趣味という言葉の通り、自分が喜んでやるようでなきゃ駄目なんだよ。なんでもそうなんだ。やらさられるんじゃ駄目だよね。やるんじゃなければ」

そんな母の作品をお目にかけたい。

小春の日

着飾りし孫の容姿や小春の日

春霞嶺うっすらと裾模様

猫あまた優しき家族新樹光

俳句・川柳・短歌展にて

夫植ゑし庭木に蘖《ひこばえ》出てきたり

南禅寺故人を偲ぶ竹の春

おもかげ草

溜り水芥いだきて凍り居り

言へぬこと猫と語るや冬籠

夫と詠む今は施設や若楓

春雨に潤ふ庭木艶めきぬ

空席の師の座寂しきおもかげ草

母の親族

夫逝く

悲喜共に越えて金婚天高し
真っ白き菊に埋もれて夫は逝く
猛暑中黄泉へ旅立つ夫いとし
幸せもどっと崩るる大暑かな
涙腺の緩みしままや夜々の月

母と長女

母の寄稿「猫の気持ち」

私は猫のタマ。十月三日、見知らぬ男に見初められた。だけど「オーナーに聞かぬと分からぬ」と、男はそのまま去ってしまったがしかし、少したつと又現れ、こんどは兄弟分の方に目がいっていたようだ。でもその時すでに兄弟は嫁ぎ先がきまった後だった。結局、わたしが彼の家に嫁ぐことになった。

私は車の中でだっこして連れて来られ、そして初めて逢ったのは彼の家のミニーという番犬。私は犬はどうも苦手、虫がすかぬ。近づけられたので苦しみ小便をしてしまった。すっかり彼の胸にかけてしまったのだ……これはまずいことになってしまった、と、思ったらこれが不幸中の倖、丁度よかった。その小便を拭き取った紙をトイレに入れてもらったので、私は必ずトイレにすることが出来、家中の人達に行儀が良いと大変お褒めに預かった。気分上々である。でも今まで外で過ごしていたせいか風邪気味なのが玉に傷。目脂は出る、嚏鼻水が出る。皆さんが心配して薬を種々買ってきてつけてくれるが、なかなか治らない。でも食物は美味しいので最近体重が増え嫁いで来た時の倍になり、一四〇〇グラムちょっとになった。「申し遅れましたが私の名前は、先代の名を頂いてタマと申します」

今日は窓越しに外を眺め当時を思い出していた。兄弟で外で暮らして居た時とまったく違い夜は暖かく食物もちゃんと上物を頂いている。又この家のお嬢が次から次へと、じゃらし物を買って来てくれるので、大変飽きないで過ごせたすかっている。でも昼間は良いのだが深夜が一番寂しい。朝まで一人ぼっちなのだ。そうだ、今夜はうんとサービスしてやろう。時間がきた。早速、行動に移す。若ママの頭を両手で掴まえ頬をすりよせる。気分の良い事、自然にゴロゴロ喉が鳴りだす。でもすぐに私を揺す振り離そうとするのだが、どうしても離れたくない!! こんどは考えた。「そうだ肩揉をしてやろう」一生懸命だった。両手でトントン、トントンして上げた。そのせいか何時もより今夜は、長い時間私と遊んで呉れた。私としてもこんなサービス精神になれたのも初めての経験、こんな事は又とないでしょう。

私は毎日毎日同じ事を繰り返す。今日は又雨降りだ。でも私は家の中で寒い事もなく過す。ふと野良生活時代を思い出す。食べる物はなく夜は寒い、兄弟で重なり合って夜を明かした、今兄弟はどうしているかなー。すっかり私は有頂天になっていた。食べては寝、

モデルになった猫

起きては食べる、どうも少し肥満気味になってきた。家族は、お腹が大きいようだ食べ過ぎなのか、とか、余計な心配をして呉れる。頭が小さくお腹ばかり大きいタマは脳が少ないのか等と、種々の事を言って詮索する。私は普通なのだ。頭もいいのヨ!! 結局食事を朝、夜と二回にされてしまった。食べ物を減らされ、何となく寂しいですネ。まあいいか、私の肥満を心配してくれているのだから仕方ないね。

今日は、二人がかりでご主人がお風呂に入れてくれるのだそうだ。私はあまり風呂は好きではないんだけどネ。風呂上がりには、ご主人は、爪をよく切る。その時は必ず私のも切って呉れる。最初は暴れたけど、今は馴れたせいか、すごくいい子にしている。居眠が始まるくらいにネ。

私は現在体重が二三〇〇グラムとなった。そろそろ避妊の話も出ているようだ。手術を受けるのかも、嫌だネ、ちょっとまてよ、外には出ないで家の中の生活だもの関係ないんじゃない……。私乙女でいたいわヨ。と、思っていたがどうも避けられそうもない。計量機にのせたり種々と私の体を見つめる家族達……。それは、もともと私は野良だったので生年月日が不明だからだ。「もう二五〇〇以上もある。五ヶ月は経っているだろう」もうだめだ、絶対避妊は逃れられない。私の行動も些少変わってきたのだそうだ。ヤバイ!! そんなある日、あの優しいママが何処かへ電話を掛けている。それは病院だった。手術の日取りを決めていたのだ。絶体絶命!! 当日の前夜から食事制限をさせられる。私は普段とちがい静かに丸くなって寝ていると、お嬢が帰って来て、私の背を撫でながら「タマ明日手術だって可哀想に」何度も何度も、言いながら涙声で慰めて呉れた。やがて当日三月九日九時四〇分お嬢のプレゼントの籠に入れられ、二人がかりで病院につれていかれる。あとの事は麻酔の為に分からない……。

やがて家族との面会は夕方五時四〇分頃、我が家に帰って来たのは六時近かった。だんだんと麻酔も覚め、体も自由になったと思ったら、とんでもないことに何やら網のような物で体を雁字搦めにされていた。毛繕いをしようにも邪魔になって出来ない。口に銜えてひっぱっても体をこすりつけても、どうにも脱げたものではない。仕方ない諦めることにした。それから十日ばかり経ったろうか、又籠に入れられ今日は何かなあーと思ったら、抜糸に連れていかれ、なんと自由になれせいせいとしたのも束の間、今度は、お嬢のプレゼントの洋服が何着もあるのだ。洋服を着ると可愛くなるのだが次から次へと着せ替え人形のように着せられ、たまったものではない。又写真撮影をさせられる。どこかに出展するらしい。賞品狙いかなー。私としては、ポーズを種々させられ、なかなかモデルも大変だ。でも私ってほんとに美人らしいのヨ、来る人来る人が可愛いネ……と、言ってくれる。自分でもそう思っているのヨ……。

今日は体重計にのせられ三〇〇〇グラムとなった。そろそろ家の中ばかりではつまらない、外に出ようと隙を狙っていた。そんな時偶然にも玄関が一センチ位開いていたのだ。手の爪を使って少しずつ開けた。コレハスゴイ……!!　スルリとぬけられ外に出られたのだ。

何ヶ月振りかしら、外の空気は旨いと、思う瞬間「タマが逃げた」と、けたたましい声ますが夜空に響き渡る。四月五日私は、優しくしてもらうのも忘れ、ついに脱走。家族中を悩ませた。でも外は気持ちの良い事、やっぱし私は野良だった、仕方ないネ。本性が出てしまったのだ。寒いのに私が逃げれば、お嬢始め家族中が懐中電灯を照らしながら、おっかける。私も外は広いし素早く逃げる。そんな事を一時間位繰り返していただろうか。そろそろお嬢も家族も疲れたのか家の中に戻ってしまった。私もそろそろ疲れた。家の中に戻りたい。その時、玄関に私の好物が置いてあり、次々と家の中まで続いていた。一つずつ食べながら家の中に戻った瞬間、玄関戸がピシャリ!! 家族もひと安心したようだ。ヤレヤレよかった、よかった。目出たし、目出たし……。

水墨画　湿原

水墨画　渓谷

水墨画　山門

水墨画　龍

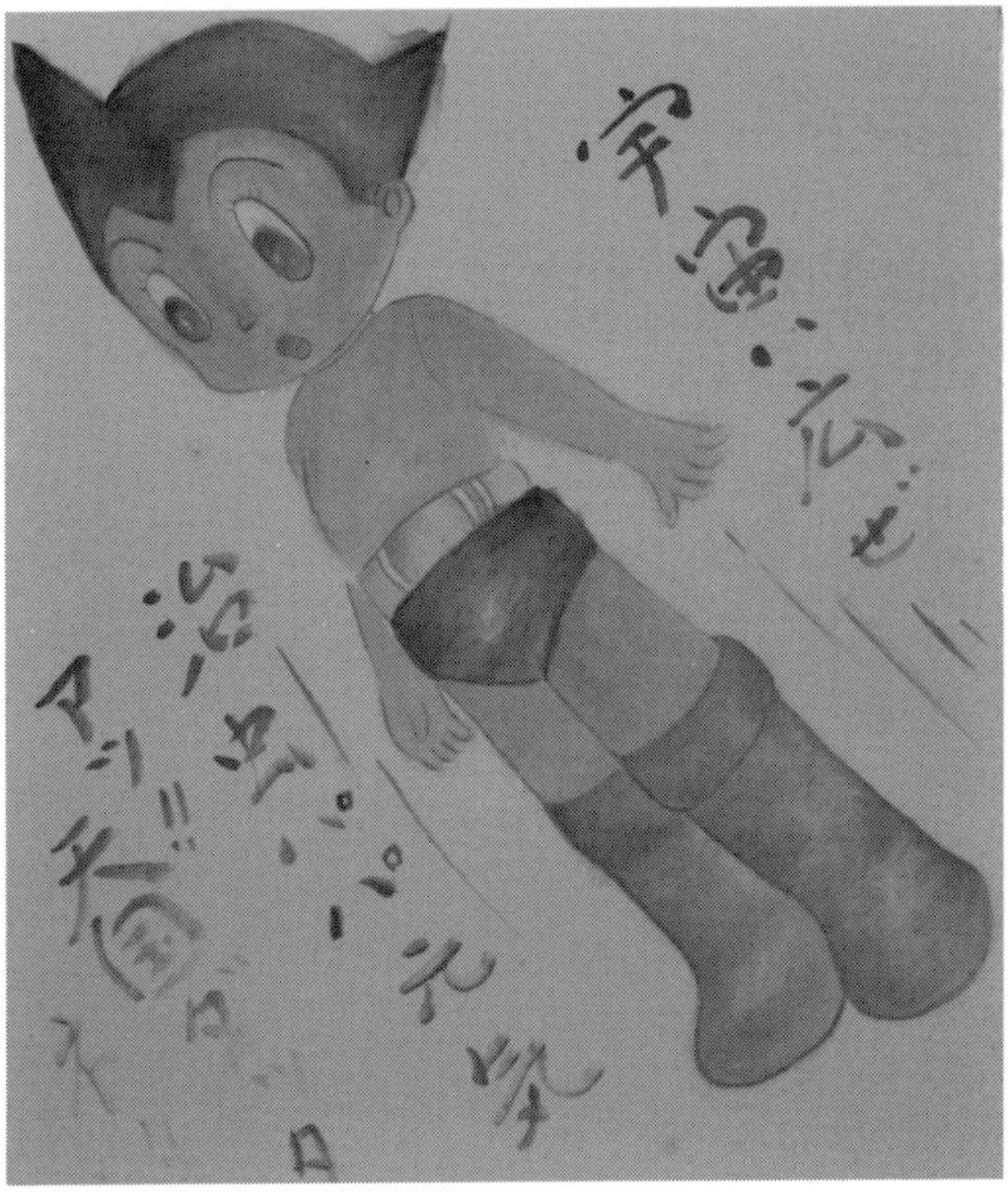

色紙　鉄腕アトム

水墨画　鍾馗

水墨画　達磨

水墨画　虎

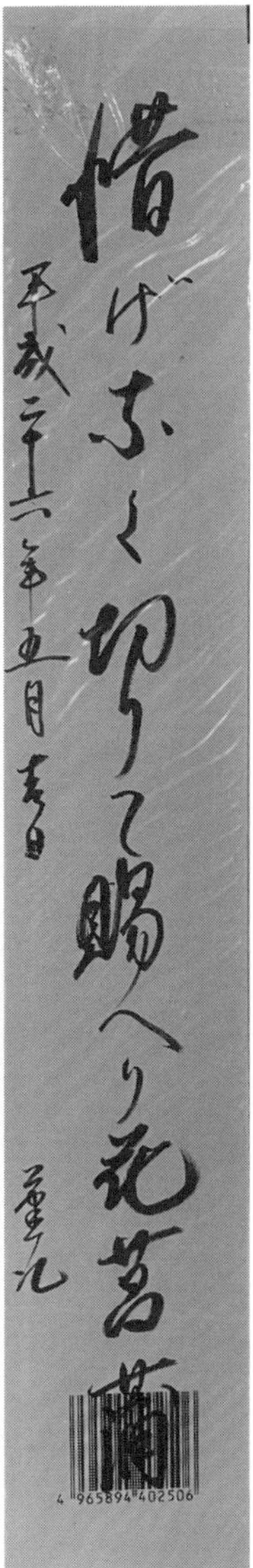

俳句短冊　惜しげなく切りて賜へり花菖蒲

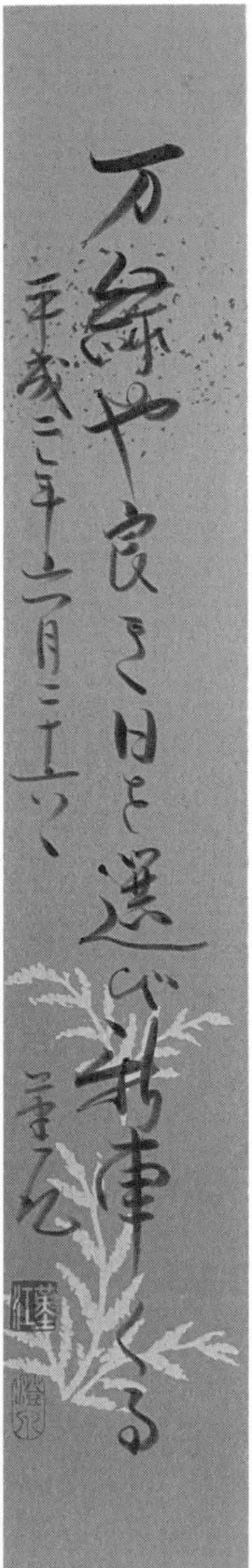

俳句短冊　万緑や良き日を選び新車くる

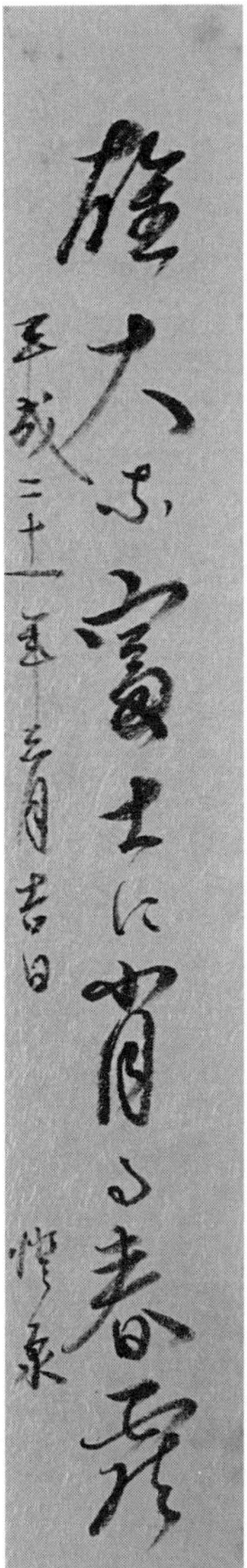

俳句短冊　雄大な富士に消える春霞

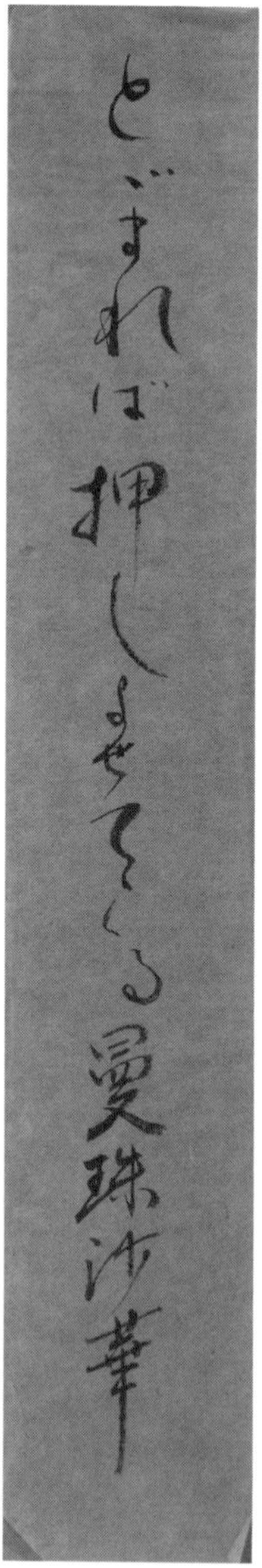

俳句短冊　とどまれば押しよせてくる曼珠沙華

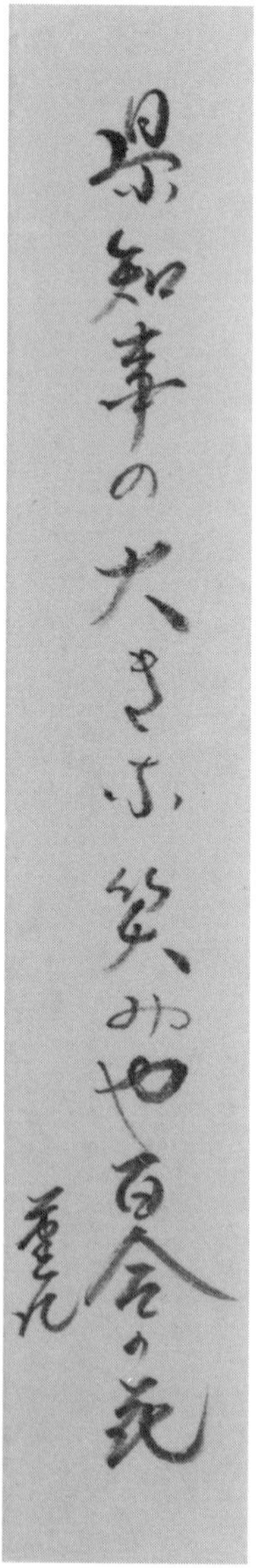

俳句短冊　県知事の大きな笑みや百合の花

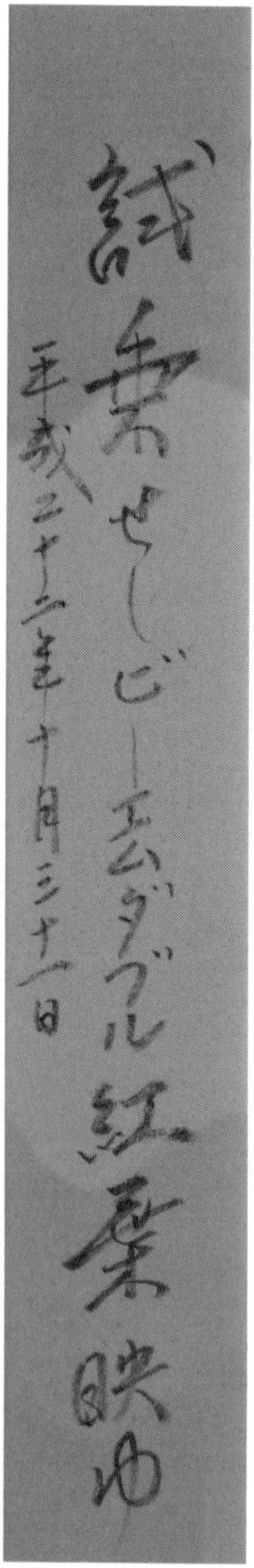

俳句短冊　試乗せしビーエムダブル紅葉映ゆ

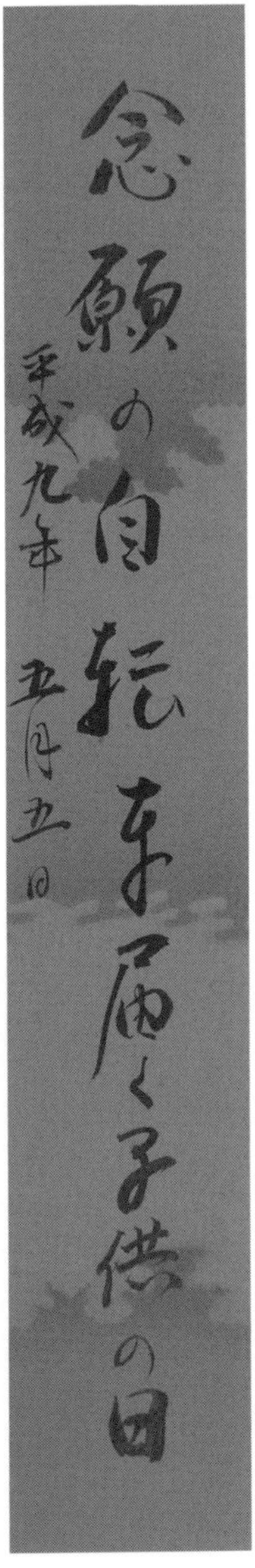

俳句短冊　念願の自転車届く子供の日

俳句初入選作品　背を丸め梅干す母の指太き

母の受賞記念品

第三章　私・加藤清の苦難と復活

飯能の山間部で育った私は、数奇な運命に導かれるままに、会社を興し、政治家となった。自分の意思というよりは運命であった。

日本で一番小さな小学校

私は一九五九年（昭和三十四年）二月一日、加藤増次・菫江の長男として、飯能市大字高山字井尻の地に生を受けた。父の項で触れたが、高山は加藤家先祖代々の土地であり、私はその四十七代目にあたる。

私が生まれた当時の高山字井尻地区は、集落の三軒が共同で自家発電装置を維持し、それで電化生活を送っていた。東京電力の電線が来ていなかったからだ。私が幼い頃にその自家発電装置が壊れてしまい、東京電力の電気が引けるまで、一時的だがランプ生活だったことがある。

父の仕事は林業だったが、山深い山間部に暮らしていたため、ほぼ自給自足の生活だった。作ってない農作物は米くらいで、あとの作物はたいてい作っていた。家には鶏小屋と豚小屋、羊小屋があり、その昔はコンニャクや蚕もやっていたらしい。林業のほかに炭を焼いて売ったり、薪や粗朶《そだ》を売ったりしていた。それらは貴重な現金収入となった。

高山小学校跡

ただし、山の中だから買い物が不便かというと、そんなことはなかった。自給自足で作っている野菜には事欠かなかったし、肉や果物、お菓子、雑貨、衣料品などは行商人が売りに来ていた。だからどこにも出ずに必要なものが手に入ったので、その点では田舎の平地よりもよほど恵まれていたと思う。

小学校は一キロほど離れた地元の高山小学校に通った。同級生が男女二名ずつの合計四名しかおらず、全校生徒を集めても十八人という、分校でない本校としては、日本で一番小さな小学校だった。授業は複式学級という、いくつかの学年が合同で授業を受ける形式だった。一年生と二年生が別の黒板に向いて座り、一人の先生が器用に二学年を教えて

日本三大不動の一つ、高山不動

いた。
　なぜそんな小さな学校が本校として置かれていたかというと、それだけ高山という地域に力があったということだ。たった二十軒ほどの集落でも、林業が盛んだった時代には一大勢力を誇っており、出資者の中には県議会議員もいたほどだ。当時の飯能エリアは西川材の一大生産地ということもあり、里よりも山のほうが裕福と言われていた。成田山、高幡不動と並んで日本三大不動といわれる高山不動があったということも、それを裏付けている。
　大自然の中で育った私は、遊びも自然の中で覚えた。買ってもらったオモチャは野球盤とボウリングゲームくらいで、あとのオモ

高山の獅子舞

チャは全部自分で作った。たとえば「坂車《さかぐるま》」という子供が乗って坂を下る乗り物は、車輪から自作した。丸太を鋸《のこぎり》で薄く輪切りにして車輪にするのである。少し知恵がついてくると、木の円盤の外周にゴムを貼り、タイヤの代わりにしていた。

さらに改良を加えるために、壊れた三輪車の車輪を外して取り付けたりした。その車輪がほしくて、わざと三輪車を壊したこともある。

坂車は夏の乗り物だが、冬場は橇《そり》を作って遊んだ。橇は車輪がないので作りやすかった。橇のほかにはスキーやスケートを自作した。遊びのリーダーは六歳年上の公ちゃんで、私たちは公ちゃんの後をついて回り、いろいろ

サンケイ新聞

さようなら"山の学校"

92年の歴史に幕

飯能市高山小 来月かぎり廃校へ

高山小学校

高山小学校の廃校を告げる新聞記事

なことを教わった。

いろいろなものを作るために、大工道具は小さいころから使い方を覚えていた。今だったら大人が危ないと言って取り上げるのだろうが、私たちは誰からも注意されず、いつの間にか一人前になっていた。同じように、バイクや車の運転も早くから覚えた。学生になると家の裏山の敷地内に一周五百メートルほどのコースを作り、そこで乗り回したものである。今でいうモトクロスのコースみたいなものだった。

そのころの遊びは、今のフィールドアスレチックそのものだった。「隠れ家」と称したツリーハウスのようなものも作ったし、探検ごっこで山の中に入って行ったりした。今になってその話をすると、「動物が出たりしたのでは」とよく聞かれるが、そのころは人間の集落近くに野生動物が出没することはなかった。野生動物が里まで来るようになったのは、人間が収穫し残した作物などを放置するようになったためである。昔は食べ物が少なかったので、そんなことはなく、そのために野生動物は山奥から出てくることがなかったのだ。

日本で一番小さかった高山小学校は、私が二年生の時に廃校になってしまった。そのため私たちはスクールバスで西川小学校に通うことになった。西川小学校は一クラスが四十五人くらいいて、もちろん複式学級などではなかった。ここの行平校長先生は剣道の有段者で、私は四年生から六年生まで、校長先生に剣道を習った。

小学校を卒業すると、山向こうの吾野《あがの》中学校に入った。西川小学校の大半の生徒は一駅先の東吾野中学校に行ったが、高山は学区が違ったので、私たち三人だけが吾野中学校に進学した。小学校はスクールバスがあったので通学はそれほど大変ではなかったが、中学は山を越えて五キロほど歩かなくてはならない。そのため、足が丈夫になった。おかげで足が速くなり、奥武蔵駅伝の区間記録を作ったほどだ。

クラブは卓球部に入った。野球、陸上、卓球、バスケットしかクラブがなく、陸上とバスケットは人気がなかった。なぜ野球でなく卓球を選んだかというと、道具がかさばらず、軽かったからだ。

中学時代は、勉強をしたことがなかった。それでも、それなりの成績は取れていた。高校入試のために、いよいよ受験勉強を始めようかという時期に、病気になって腸の手術を受けることになった。そのため受けようと思っていた県立飯能高校の入学試験が受けられず、中学校の卒業式にも出られなかった。

いよいよ中卒で浪人かということになり、私立狭山ヶ丘高校に特別受験を許してもらい、入学した。

教育実習で運命の人に出会う

狭山ヶ丘という高校は、ちょうどその時代、ヤンキーの集まる学校から、東大入学者を出す優秀校に変わる途中にあった。そのため、テストのたびに全生徒の成績を貼り出して

狭山ヶ丘高校の小川校長先生と私

いた。私は特に一生懸命に勉強するタイプではなかったが、進学クラスに在籍して、テストの時だけは猛勉強していた。そのため、在学中はベスト三を外れることがなかった。

ただし、思わぬことで退学になりかけたことがある。それは、山育ちで何でも自作していたため、短刀も作ったと友だちに話したところ、ぜひ見たいと言われたので鞄に入れて登校したのだが、その日に限って持ち物検査があり、短刀が見つかってしまったのだ。職員室で先生たちから「何のために持ってきたのか」とさんざん聞かれた。かばってくれた先生がいたので、何とか退学は免れた。

その事件以降は、意識して真面目に過ごす

ようにしたため、担任の木藤先生の指名で、三年間学級委員長を通した。二年生のとき、生徒会の役員に立候補したのだが、対立候補に一票差で負けてしまった。そのとき、一票の差というものを強く意識した。それが後に議員になったときに生きてくる。

高校時代の教科で一番好きだったのは歴史である。寺田先生という怖い先生が教えてくれるのだが、授業の進め方がユニークだった。教科書をまったく使わない独自の授業なのである。生徒の一人一人にそれぞれ個別の課題を与え、その発表をマンツーマンでやらせるのだ。生徒が課題の内容を調べて先生の前で発表するのだが、どんどん突っ込まれる。そこでしどろもどろになると、やり直しだ。先生の前で発表するのは、放課後でも休みの日でも良かった。

このやり方だと、調べる生徒もそれなりに大変だが、それを全部受け止める先生のほうは、相当の負担だったはずだ。しかし私はそれで歴史が面白くなり、國學院大學に進んで、歴史の先生になりたいと思うようになった。

大学受験の直前に父親の事故があったため、家から遠い大学に進学することが不可能になった。そのため選択肢は城西大学と東京国際大学の二校しかなくなってしまった。熟慮の末、東京国際大学の商学部に進学することにした。

大学では教職を取り、母校の狭山ヶ丘高校に教育実習に行くことになった。私は寺田先生を訪ね、先生を真似て自作の参考書で歴史を教えることにした。教えたのは鎌倉時代だった。

母校では、授業を教えるほかに、担任としてクラスも受け持った。その受け持ちクラスにいたのが、家内である。運命の出会いだった。なんと可愛い子がいるのかと一目惚れした。彼女が高校を卒業するのを待って付き合い始め、大学を卒業してから結婚した。

つまり私が手術で飯能高校に行けなかったために家内との出会いがあるわけだ。まことに人生の機微というのは面白い。そして私の手術は誕生日の二月一日に行われたのだが、今から振り返ってみると、私は誕生日のたびに運命が変わっている。

高校、大学のアルバイト人生

大学時代の思い出はほとんどがアルバイトのことだ。父親が事故で働けなくなったため、早く自立しなければならないという思いがあった。だが、最初のアルバイトはもっと早く、中高生の頃から宮沢湖のボート乗り場で小遣いを稼いでいた。

私のアルバイトの特徴は、とにかくいろいろな職種を掛け持ちで経験することだ。高校生のときは森ブロックという会社で住み込みのアルバイトもした。アルバイトで稼いだ金で、学校の先輩から中古のバイクも買った。ホンダの250Tというバイクだった。いい気持ちで飛ばしていたら、スピード違反で捕まり、せっかく稼いだ金が吹っ飛んだこともあった。

大学に入ってからは、ちり紙交換のアルバイトをやった。最初のうちは自分でマイクを持って話していたが、女の子の声のほうが声がかかりやすいだろうと考えた。ちょうどエンドレステープの機械を見つけたので、知り合いの女の子に頼んで原稿を読んでもらい、録音して使った。お客さんは女の子のちり紙交換が来たと思って飛び出してくる。このアルバイトは一日で六、七千円の稼ぎになった。

儲かるのは新聞紙などではなく、古バッテリーだ。何しろ一個が五百円になるのだ。紙類では新聞や雑誌などより段ボールのほうが率が良かった。

土方のアルバイトもやった。そのうちに元締めからもっと儲かる仕事があると誘われて「夜逃げ屋」を手伝うようになった。事業が行き詰まったりして夜逃げする家の手伝いの仕事だ。とにかく大急ぎの引っ越しなので、大事なものだけをトラック一台に積み込めばいい。持っていけないものは、全部夜逃げ屋のものになる。私たちにもたくさん余録があった。

なかでもありがたかったのは、当時流行していたポケットベル、通称ポケベルだ。お金を払わなくなってもしばらくは使えるので、私は何台も持って相手先別に使い分けていたほどだ。ほかにも百科事典や書籍類をたくさんもらってきたものだ。

「夜逃げ屋」ではいろいろなことを学んだ。まず普通では使わない専門用語を覚えた。たとえば「後付《あとづ》け」という言葉がある。これは「あとをつけられること」で、夜逃げする人にとっては大敵である。だから私たちも細心の注意を払うように言われた。

それから、どうして夜逃げするような羽目になるかを教えられた。夜逃げする家は貧乏な暮らし向きではない。むしろ、金持ちの家である。それが何かの原因でダメになってしまったのだ。その「何か」とは、酒と博打《ばくち》と女である。私は元締めからその三つだけには手を出さないようにと教わった。だから私の人生において、その三つに溺れた経験はない。

また、銀行以外のところから金を借りてはいけないということも学んだ。「夜逃げ屋」の元締めはヤミ金融などの金貸しである。高い金利を取って金を貸す商売だが、そんなところから金を借りなければならない立場になる人の多くは、立ち直れずに夜逃げをする羽目になる。「夜逃げ屋」は客からなけなしの銭を取って逃がしてやるわけだが、そもそもそういうところから金を借りるということが、夜逃げに至る道だということだ。

そのほかに、塾の講師のアルバイトもやった。もともと教師になりたかったくらいだから、人に教えるのは得意なほうだ。

大学では試験前に授業のノートを売ったりもした。優秀な学生三人のノートを合体して講義の資料を作ると、ほぼ完全な試験対策になる。その資料は、転売されないように赤い紙に印刷した。当時のコピー機の性能では、赤い紙に黒で印刷すると、コピーしても読めなかったのだ。

英語の授業対策として、英訳文も売った。そんな資料を作っていたので、当然のように私の成績は良かった。

こんなふうにいろいろなアルバイトを経験しているうちに、私はいつしか経営の楽しさを知るようになった。教職で中学校と高等学校の先生の資格は取れていたが、先生よりも会社経営をやりたいと思うようになった。

愛車フェアレディZ

余談だが、私が大学でいろいろなアルバイトをしていたのには、裏の理由もある。車を買いたかったので、親から四年分の大学の授業料を前払いしてもらったためだ。授業料を車につぎ込んでしまったために、稼がなくてはならなかったのだ。

私は高校生のときに叔父さんからもらった古いミニカを乗り回し、次にレオーネに乗っていたが、大学生になってからはギャランGTOというスポーティーカーに乗るようになった。もっとかっこいい車に乗りたいと、親からもらった授業料で、新車のフェアレディZを買ってしまった。２by２という、無理すれば後ろにも二人乗ることができる、白いフェアレディZだ。

家内の記憶には、私との出会いにそのフェアレディZが登場する。私は家内をひと目見て、アイドルみたいな子だなと思ったのだが、家内のほうもフェアレディZのおかげで、きっと若くてかっこいい先生に見えたのだろう。

父の事業を復活させたいと材木屋に入社

就職先は、横浜に本社がある日栄住宅資材株式会社（現ナイス株式会社）という東証一部上場の木材・建材の総合商社を選んだ。材木を扱う仕事を覚えて、父の事業を復活させたいと考えたのだ。大学の学長推薦で武蔵野銀行から内定ももらっていたのだが、そちらは断ってしまった。そのため、学校からはすごく怒られた。

日栄住宅資材では、とにかく早く仕事を覚えたいと思い、毎朝誰よりも早く出社し、誰よりも遅くまで仕事をした。早く出社すると、他の人よりも早く情報を得ることができるのだ。そして、その情報をもとに事前に準備をすることができる。私は営業成績がトップになったら辞めようと思っていたが、その機会は自分が想像するよりもずっと早くやってきた。私は入社してわずか一年で退職届を出した。

さすがに入社一年で「もう目的は達成したので辞めさせてください」と言うわけにはいかない。私は「学生時代の夢であった学習塾をやりたいので退職したい」という言い訳で退職した。この会社は現在でも会社主催の退職者の会があり、出席すると会社幹部との交流ができる。この会社には本当に感謝している。

次に入ったのは飯能のミズノ株式会社という木材業の会社である。埼玉県でもトップクラスの材木店で、早くから業務のコンピュータ化を進めており、当時七店舗を有して営業していた。私はこの会社の狭山市店に店長代理として入社した。

ここで小売業の仕事を覚えたのだが、理解が進むにつれて小規模での材木店開業がむずかしいことを知った。

ミズノに入って二年で辞表を出した。学生時代からの計画通り、材木を扱う仕事をひととおり覚えたいと考えて就職したわけだが、最初から三年たったら独立するつもりだった。日栄で一年、ミズノで二年の合計三年経ったので、予定通り独立のために退職したのだ。在職期間は短かったが、しっかり自分の意思を伝えて退職したので、水野社長には開店祝

最初に建てた家

いのパーティーでお祝いの言葉をいただくことができた。個性的な水野社長は、私が経営者として尊敬する人物の一人だ。

水野圭造社長に関しては、忘れられないエピソードがある。ゴルフの時に社員が冗談めかして「会社の仕事に遅刻することはあっても、ゴルフの時だけは遅刻しません」と言ったところ、即座に「君は明日から出社しなくていいよ」とクビを言い渡したのだ。今では考えられないことだが、商売に対していつも真剣勝負で、厳しさの漂う人だった。

二十五歳で起業、そして結婚

ミズノを三月に退社し、六月には藤和ホー

初期の新聞広告

ム株式会社を立ち上げた。当初は父の事業を復活させるために材木販売の事業を目指したが、日栄とミズノでの修業で、小資本で材木業を成功させることには無理があると判断し、住宅の建設と販売に方針を転換した。そうなるとミズノのお客ということになるので、古巣をライバルにしなくて済む。二十五歳の若僧が代表というのでは信用されないと思い、藤和ホームの社長には父に就任してもらい、私は専務として実務を担当した。

オフィスは高麗にたったひとつだけあった三階建ての建物を借りた。もともとは結婚式場だったが、閉鎖されて空き家になっていた建物だ。日高市内には当時、平屋と二階建てしかなかったので、とにかく目立つ物件だっ

最初の社屋

た。その物件のオーナーは嵐山町の鵜野沢さんという人で、その人からは息子さんの建物を発注してくれた。それが藤和ホームの受注第一号になった。木造二階建て七十坪の新築物件だった。

会社の発足にあたって準備したのは、登記書類を揃えるくらいで、あとは何もなかった。しかしいずれは資格が必要になるだろうと、起業と同時に日建学院に通い、建築士の資格を目指した。それが取れたタイミングで結婚し、設計事務所を立ち上げた。藤和建築設計事務所というが、現在は法人化して有限会社トーマス企画設計という会社になっている。

結婚相手は教育実習で見そめた美智代であ

若き日の家内と私

る。彼女の卒業を待って交際を始め、事実上の婚約者として藤和ホームのオープニングパーティーでは受付と接待係を任せた。周囲からは「あの人が奥さんになるの？　かわいい人だね」と盛んに冷やかされたものだ。

プロポーズの言葉は、「私に永久就職しないか？」である。永久就職なのだから、生涯にわたって生活を保障しなくてはならない。なので「別れるときには三億円払う」と約束していた。

これは後の話だが、売り言葉に買い言葉で私が怒ってしまい、三億円の小切手を渡して「出て行け」と言ったことがたった一度だけある。その時はなんとか仲直りができたので良かったが、その小切手を銀行に持ち込まれたら完全に不渡りになっていただろう。当座預金の口座には、三億円などなかったからだ。後で妻に深く謝り、猛省したことを今でも昨日のことのように覚えている。

青年団と青年会議所

結婚した翌年に日高市連合青年団の団長に就任し、その翌年には飯能青年会議所（JC）に入会した。私は日高の生まれではないので、地元に知り合いがあまりいない。そのハンディを埋めるために、積極的にいろいろなサークル活動に参加したのだ。

連合青年団というのは地元の青年会が集まって組織されたものだ。私は高麗青年会の活動に熱心に参加し、知人を増やしていった。今は青年会の活動はあまり聞かないが、当時は公民館に専用の部屋があり、夜になるとそこに集まっていろいろな話をしたものだ。

そのころの公民館には管理人のおばさんが住み込みで働いていて、私たちが話に花を咲かせていると、食べ物を出したりして何かと面倒を見てくれた。古き良き地域コミュニティだった。今はもうどの地域でも青年会の活動が行われていないようだが、残念なことである。

巾着田の桜並木

日高市連合青年団としての活動で特筆するべきものは、地元の巾着田《きんちゃくだ》を舞台にして開催した「日高ヤングフェスティバル」である。二日間にわたって繰り広げられたこのイベントでは、延べ五千人の参加者を集めて話題になった。内容としては第一回ミス日高コンテストや日本一長い迷路、模擬店、人気バンド演奏、提灯神輿など盛りだくさんだった。今では女性差別だと批判の多いミスコンだが、そのころは全国的なブームであり、それをいち早くキャッチしたものだった。賞品には、グアム旅行や国内旅行といった豪華な景品を用意して盛り上げた。

このイベントでは企業まわりをして二百五十万円以上のお金を集めたが、そのお金が余ったので何かに使おうと、巾着田のまわりに桜を二百本植樹した。後で聞いたら勝手に植えてはいけなかったらしいが、若さと勢いでやってしまった。今ではその桜は巾着田の名物になって毎年花見客を楽しませている。

私はこれまでにいろいろな事業をやってきたが、世のため人のためという目的で後世に残るものとしては、この巾着田外周の桜が一番大きな実績ではないかと思っている。

日高ヤングフェスティバルは二回目を商工会と共催し、三回目以降は日高市産業観光まつり（日高市民祭実行委員会）に引き継ぐこととし、私たちは手を引いた。

バブルであわや連鎖倒産

藤和ホームの事業は、スタートしてから順調に拡大していった。オフィスのオーナーである鵜野沢さんが息子の家を発注してくれたのが第一号だったが、自分でもいい家だと思える建物に仕上がった。そこから、高麗神社宮司の自宅、若宮流の家元の家、埼玉医大の常務の自宅、映画「トラック野郎」で当時隆盛を誇っていたデコレーショントラックのアーティストである関口操さんの家などを次々に建てていった。

高麗神社宮司・高麗澄雄氏と私

その当時の藤和ホームの家は、お金持ちに向けた木造の注文住宅が主となった。それが評判を呼び、紹介でお客さんが次のお客さんをつないでくれた。仕事は完全に軌道に乗り、もっと大きな仕事をしようと藤和建設という別会社を作った。こちらは鉄骨やＲＣでマンションや大規模店舗、オフィスビルを建てる会社だ。

藤和ホームがお客さんからの直接発注で木造住宅を建てる会社であるのに対して、藤和建設はゼネコンや大手不動産会社の下請けとしてビルを建てる会社である。一時期はバブル景気を追い風に、年商三十億円ほどの商いをやっていた。

ところが、バブル崩壊で不動産景気が急降下したころ、立て続けに不渡り手形をつかまされてしまった。金額にして五億円ほどの不良債権である。これには本当にまいった。資金繰りはなんとか綱渡りをすれば倒産は免れそうな状況だったのだが、うわさを聞いた職人たちが「今すぐ払ってくれ」と会社に押し寄せたのだ。要するに「取り付け騒ぎ」である。支払期限通りに支払うのなら、細々とでもやっていける状態だったのだが、一気に支払ってしまったら、会社はたちまち倒産してしまう。この時は本気で夜逃げを覚悟したほどだ。何しろアルバイトで夜逃げ屋をやっていたので、夜逃げのノウハウは体に染みこんでいたのだ。

窮状を救ってくれたのは、飯能信用金庫である。会社に押しかけた債権者たちに向かって、「うちがいつでも緊急融資しますから、みなさんは安心して仕事を続けてください」と宣言してくれたのだ。その言葉で債権者たちは支払期限を待つことに同意してくれた。おかげで飯能信用金庫から実際に緊急融資を受ける必要はなくなったが、この一言が連鎖倒産を防いでくれたといえる。

この事件から反省し、私はそれ以降、下請け仕事はやらないと決意した。そして事業を藤和ホームのお客さんと直結した仕事に絞ったのである。このときの焦げ付き五億円を解消するのには、それから三十年かかった。私が二十五歳で起業したときの同業者は四十〜五十社くらいあったが、今も残っているのはわずか数社だけである。企業を継続して時代の荒波を越え、生き残っていくというのはそのくらい難しいということを、今さらながら実感している。

選挙の醍醐味を知る

平成十年、私は三十九歳で埼玉県議会議員の補欠選挙に出馬した。残念ながら当選することはできなかったが、「お前が千票以上取ったら、逆立ちして歩いてやる」という世間の言葉を尻目に、私は三千票以上を獲得した。これに自信を得て、四十歳になった翌年の日高市議会議員選挙に立候補し、一位と一票差の二位で当選することができた。そして平成十五年の二期目の選挙では、ついに念願のトップ当選を果たす。それから日高市議会副議長を経験し、平成十八年には埼玉県議会議員選挙に打って出た。こちらでもみごと当選を果たした。

40歳の時の選挙ポスター

私が選挙に関わるようになったのは、日高市の市長であった駒野さんの選挙をお手伝いしたことがきっかけだ。飯能生まれの私が日高の地に早く溶け込むためには、選挙の手伝いをするのが一番いい。そうアドバイスしてくれた人がいたのだ。イベントのお手伝いや会の司会などをするうちに、後援会の人たちとも親しくなり、選挙というものの仕組みも理解した。

自分が選挙に出て議員になろうと思ったのは、父のことで福祉の世界に関わるようになったためだ。役所の人たちは強い人に甘く弱い人に厳しい。本来は逆でなければならないはずなのだが、残念ながらそういう傾向がある。その現状を変えるには、政治家になる

県議会議員に当選した選挙事務所にて

しかないと思ったことが、一番の動機である。だから、父の事故がなければ、私は政治家にはならなかったと思う。

平成二十二年、私は五十三歳で日高市長選挙に立候補し、次点となり落選した。市長選は議会選挙とは違い、圧倒的に地元の人が強い選挙だとわかった。もちろん最大の敗因は私の努力不足であるが、この地域では「地《じ》っ子」と呼ぶ、地元の人間であるかどうかが重要な要素だったのである。市議や県議には一人か二人よそ者がいてもいいが、首長は地元の人に限る。そして地元の人同士の戦いの場合は、家柄のいい人のほうが勝つ。たとえば名主の子孫や庄屋の子孫などである。

県議会議員選挙の時の街宣車

もう一つの私の敗因は、「当選したら変える」と言い過ぎたことだ。選挙民の中には新しい首長に地元を変えてもらうことを期待する人もいるだろうが、現在安定した生活を送っている人たちは、反対に変えてもらっては困るのだ。そこを意識せず、地元の人間でない私が選挙カーから「変える、変える」と叫んだものだから、その人たちの賛同を得られなかったのだ。

いずれにしても負けたのは私の努力不足である。私はそれから政治の世界を少し休み、自分の時間を取って自分自身をさらに切磋琢磨することにした。もっと政治のことや経済のことを勉強しなければならないと痛感したのである。

二期の市議、一期の県議を経て首長に挑戦したわけだが、世の中はなかなか思い通りにはならないものである。やがては捲土重来《けんどちょうらい》を期すという気持ちもどこかにあった。

市議から県議、県議から首長にと挑戦がエスカレートしていったわけだが、これは多くの政治家がたどる道でもある。なぜそうなるかというと、できることを広げるためには上に行くしかないからである。会社の役職と似たようなものだ。市議や県議は中間管理職のようなもので、何かを決定する力はない。だからトップにならなければダメだと思ったわけだ。

だが、選挙は落選してしまうと「ただの人」である。私は五十三歳にして挫折の味を知ったのだった。

選挙で「たられば」を語るのはあまり意味がないが、もしあのとき私が日高市長になっていたら、日高の街はどのようになっていただろうか。

まず言えるのは、日高に中心市街地ができていただろうということだ。日高市には高萩《たかはぎ》と高麗川という二つの代表的な街がある。しかしその間が広く空いているため、日高という市には中心となる市街地がない。これが他の市に比べてマイナー感が漂ってしまう原因だった。

それを改善するのはさほど難しいことではない。道路整備を進めることと現在は調整区

日高市議のみなさんと

域になっている土地の用途指定を市街化区域に見直すことで、高萩と高麗川の間を市街地化するのだ。

　すると県道沿い、ＪＲ川越線の南側に家や商店が建ち並ぶようになる。もちろん市としても必要な施設を優先的にこの地域に建てる。そうなれば、さほど時間をかけずとも日高市の中心市街地ができあがっていたはずだ。

　経営感覚のない政治家は、すぐにお金がないからできない、土地の用途指定変更は難しい、と口にする。だが、それこそが政治力なのだ。お金がないなら生み出す知恵を使えばいい。用途地域がダメなら、用途地域を変えればいい。

日高市の土地の線引きは川越都市計画事業区域で定められている。川島町と川越市、そして日高市がいっしょくたで論じられるのだ。三つの地域がひとまとめということは、うがった見方をすれば、川越の都市化のために、川島町と日高市が犠牲にされることがあり得る。川島町と日高市の市街化を抑え、その分を川越市に回すことが可能だからだ。

そういう現実を調べ上げ、どうすれば地域の発展のためになるかを判断して行動するのが、本来の政治家の仕事である。行政運営には経営感覚が必須である。だから有権者は経営感覚の有無を見て、候補者を選択してほしい。

だが、本当に地域のためを思って活動する首長は、私生活では苦労する。私が選挙をお手伝いした駒野市長は日高市長を五期勤めたが、選挙に出るたびに畑を売っていた。また、いい政治家と言われる人はなぜか早死にでもある。そのあたりのことには、理不尽なものを感じている。

子供たちのこと

話は前後するが、結婚した翌年の昭和六十二年十月に長女・愛美《あいみ》が、平成三年八月に長

長女と長男

男・将伍《しょうご》が誕生した。愛実は三二〇〇グラムという大きな赤ん坊だった。その当時、私たち夫婦は高麗川団地に住んでいたが、夜帰宅したときによろけて妻の腹を踏んでしまい、救急車を呼ぶ羽目になった。だから無事に産まれるまでは心配だった。

長女の名前には、家内の名前の一文字をとった。「まなみ」と読むことの多い名前だが、あえて「あいみ」とつけた。家内は子供の名前を付けるとき、愛称をどう呼ぶかを考えていた。長女は「あいちゃん」と呼ばれるようにしたかったそうだ。同様に、長男は「しょうちゃん」と呼ばれることを想定していた。

長女は東京国際大学の人間社会学部を出て大学院に進んだ。長男は法政大学の理工学部経営システム工学科に学び、三井不動産に就職した。この春からは藤和ホームに入社し、社長である弟の片腕として活躍することが期待されている。

福祉の世界に足を踏み込む

平成十五年、私は妻を理事長として「ＮＰＯ法人さいたま福祉ネット四季の郷《さと》」を立ち上げた。私が福祉の世界に入るきっかけは、間違いなく父の事故だが、その経緯を少し詳しく説明しておこう。

日高市議の一期目で、私は日高市身障福祉会の顧問になった。この会では父も後に会長を務めることになる。ここで会員の人たちの声を聞くと、「働ける場所が欲しい」という声が圧倒的であることがわかった。知的障がい、精神障がいの人たちが働ける場所はすでに存在していたが、身体障がい者の働く場がなかったのだ。

その受け皿として作ったのが、さいたま福祉ネットである。小規模授産施設として就労支援施設Ｂ型を設置する主体の組織である。

最初のＢ型就労支援施設は家内が理事長を務めた

現在はＮＰＯ法人を設立するのが簡単になっているが、当時は非常に難しかった。書類を作って県に持って行くと、「理事の人の肩書が弱い」と言うのである。そんなことどうでもいいだろうと思うのだが、役人は頑として首を縦に振らない。

頭にきたので、知り合いの著名人を総動員して理事になってもらった。当時、地元選出の環境庁長官であった石井道子さんをはじめとして、市長経験者、埼玉県の有力者をずらりと並べたのである。これであっさりとＮＰＯ法人設立の認可が下りた。

最初のＢ型就労支援施設は、藤和ホームの後ろで細々と始めた。当時は補助金がつかなかったからである。作業内容は、農業と木工だが、木工作業には本格的な電動工具を使用した。電気鋸やドリルなどである。うっかりすると大怪我をしてしまう道具だが、これが良かった。通所者たちから、「緊張するので、へたなリハビリよりも効果がある」と好評だったのだ。結局、ここで作業した期間で事故は一件もなかった。

その後、農作業のためのトラクターを丸紅財団から、送迎用のワゴン車を日本財団から寄付してもらったりして、事業は拡大していった。通所者の大半が脳梗塞で体が不自由になった人たちだったが、元の職種は実にさまざまだった。お巡りさん、先生、会社員、靴職人といった具合である。

知的障がい者と精神障がい者の施設が、身体障がい者の施設より多いのには理由がある。前者は指導員の言うことに素直に従ってくれるが、後者の人たちは知能に問題がなく、むしろ指導員よりも頭の回転が速かったりすることがあるため、いい加減な指示には従ってくれないからだ。

木工製品の完成品は、巾着田で行われた曼珠沙華祭と市民祭で販売した。特に短冊掛けと額が好評だった。売上金は通所者で分配するため、たくさん売れるとみんなの実入りが増える。それが身体障がい者の生きがいになるのだ。

交通事故で九死に一生を得る

平成二十年の夏、私は交通事故で死に損なった。その日は議会OBのゴルフコンペがあり、私は早く行って練習しようと賞品のお米を積んで家を出た。その当時の愛車はトヨタのクラウン・マジェスタだった。

家の前の道は片側一車線の田舎道だが、ところどころ狭くなっている部分があった。事故現場も幅四メートルくらいのカーブで、お互いに中央車線をはみ出した私とダンプトラックが正面衝突してしまった。エアバッグに仕込まれた火薬の煙で車内は白い煙に包まれ、私はぐしゃぐしゃに潰れて変形した車体に挟まれて、身動きができなかった。

消防レスキューが来て車体を広げ、引っ張り出してもらったが、私は右膝を骨折し、腹部にも怪我をしていた。だが、事故現場を見た人は、みな「これは死んだな」と思ったそうだ。それくらいの大事故だった。

事故が起きた直後は、自分でもしっかりしていた。すぐに携帯電話で修理屋をしている従兄弟に電話をかけ、レッカーの手配をした。それからゴルフの仲間に「交通事故で今日はゴルフに行けない」と伝えた。だがその後、意識がもうろうとしてきた。エアバッグの白い煙を天国の霧だと勘違いして、自分はもう死ぬのかと思ったりした。そして私は救急搬送で埼玉医大の国際医療センターに運ばれた。

その当時、私は自宅から数百メートル離れたところに家を新築している最中だった。その工事をしていた大工さんが事故現場を見て私が事故に遭ったのを知り、あわてて家内に連絡をしてくれた。「奥さん、旦那さんがその先でダンプとぶつかった。クルマがめちゃくちゃに潰れて、もう死んでるかもしれない」と。

家内が現場に駆けつけたとき、私はすでに病院に運ばれた後だった。それからかなり長い間、私の家族は私の生死を確かめることができず、不安な時間を過ごしたのだと後から聞かされた。

入院中に、タバコをやめることができた。タバコを吸いたくなったので家内にセブンスターを買ってきてもらったのだが、吸ってみたらまずくて吸えなかったのだ。それ以来、タバコは年に一回、お祭りの時に一本だけ吸うことにしていたが、コロナでお祭りが中止になってからは、完全に禁煙している。

入院は二週間だった。本当はもっと入院してリハビリをしっかりやらなければならなかったのだが、あまりにもたくさんの人がお見舞いに来るので、退院して家で療養することにしたのだ。お見舞いの人が来ると気分が高揚して元気になるのだが、帰るとぐったりしてしまう。その繰り返しが不自由な体にはしんどかった。それ以来、私は誰かをお見舞に行くときはすぐに引き上げるようになった。

忙しさにかまけてリハビリを最後までやらなかったので、怪我をした右足をかばって左足に変な癖がついてしまった。歩くと左足の親指が地面に引っかかるようになったのだ。それ以来、私は走ったことがない。そしてこの左足は、十数年後に家内が亡くなったショックでさらに悪くなってしまう。

この事故を契機として、私はゴルフをやめてしまった。足が不自由になったこともあったが、ゴルフに行く途中の事故だったので、気持ちが離れてしまったのだ。以来ずっとゴルフをやらない人間として生きてきたのだが、最近になって脳から分泌されるドーパミンの量が少ないと医師から指摘され、何でもいいから楽しいことをやるようにと勧められた。

そこで一念発起してゴルフを再開してみたが、驚いたことにスコアが以前とあまり変わらない。「三つ子の魂百まで」とよく言うが、人間は一度覚えたことは忘れないものだということを痛感した。同時に、幼少期の経験や環境がいかに大切であるかを、思い知った。

今にして思うと、この交通事故は私の一家がたびたび経験した「苦難と復活」のエピソードの一つだった。十六歳の時の腸の手術もその一つだし、父の大怪我ももちろんその一つだ。しかし父はその前に何回も怪我をしているし、私も交通事故はこれが最初ではない。大学時代に乗っていたフェアレディZを全損にした事故もあった。私自身は覚えていないが、小さいときにユネスコ村で自動車に轢かれ損なったこともあったのだという。

そうしたことを思い返してみると、わが加藤家はよその家よりも多くの苦難に見舞われているのかもしれない。まるで刀鍛冶が名刀を鍛える時のように、わが一族は苦難と復活を繰り返す運命なのだろうか。

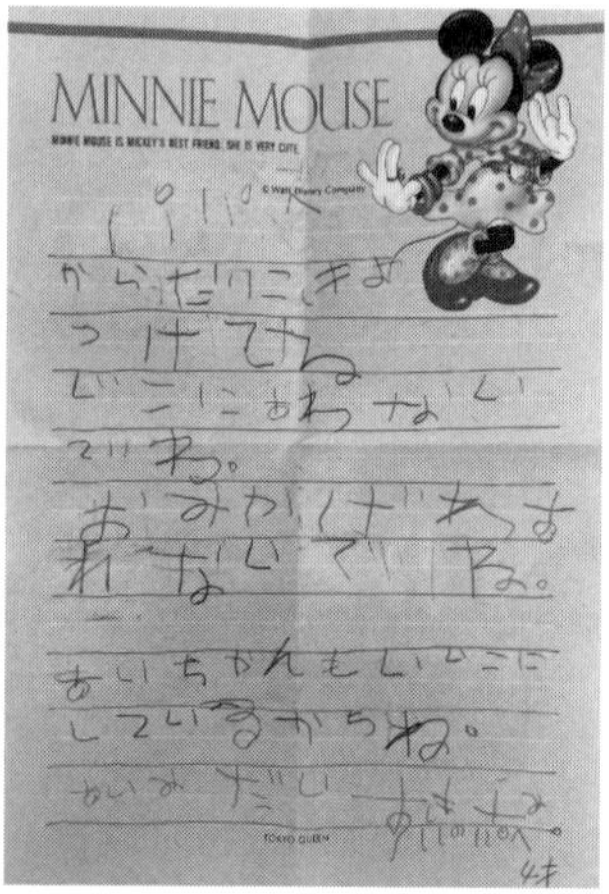

娘が 4 歳の時にくれた手紙と息子が 5 歳の時の私の絵

第四章　妻・加藤美智代の闘病記録

「運命の人」として私に見そめられた家内は、私のために生き、そして早すぎる死を迎えた。生涯、私だけのお姫さまであった。

「運命の人」との出会い

前述したように、私は母校へ教育実習に行った時、後に妻となる美智代に出会った。私が担任を受け持った三年生のクラスに一人、アイドルみたいな可愛い女の子がいた。私の好みど真ん中ストライクの女性で、私は完全に一目惚れしてしまった。そしてルックスだけでなく、性格も控え目で優しく、特に笑顔が最高に素敵だった。それが後に家内となる美智代との出会いである。

とはいうものの、相手は高校生で、私は実習生とはいいながらも先生の立場である。すぐに禁断の恋が始まったわけではなかった。

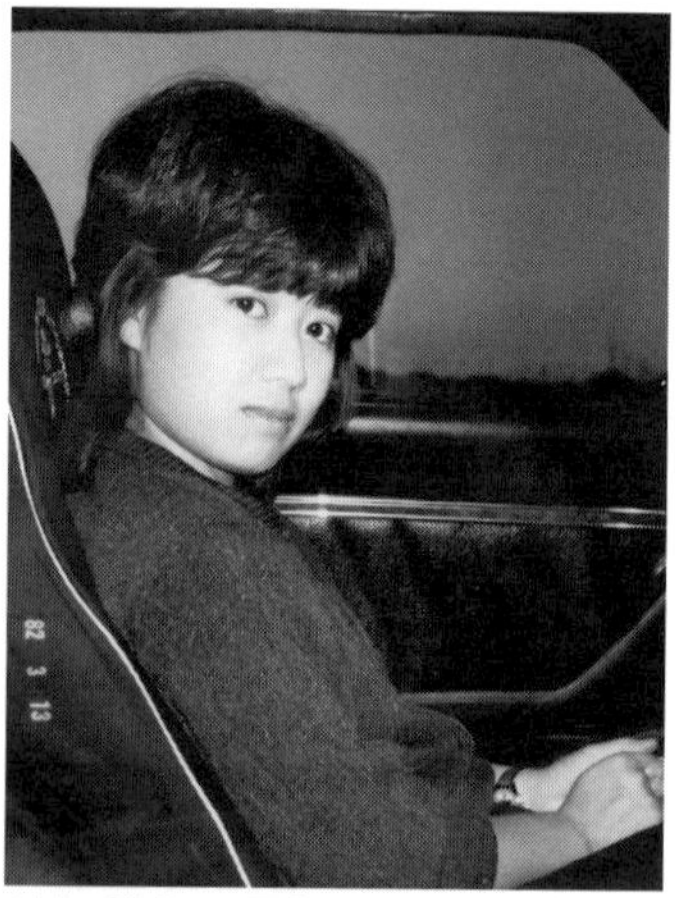

美智代との最初のドライブ

産業祭での家内（中央）

卒業までは「先生と生徒」の関係を保ち、彼女が二十歳になるまでは文通でお互いの気持ちを伝えあった。彼女の親の目を誤魔化すため、差出人の名前を女性にしたりした。

交際が始まると、彼女に変な虫が付かないように、私の車で送り迎えをした。白のフェアレディZは相当に目立ったと思う。

藤和ホームのオープニングパーティーが、彼女のお披露目だった。この日、私は彼女に受付と来客の接待をお願いしたのだが、土建屋さんの頭に「この人と結婚するんだべ?」と言われてしまうくらい、私との関係はバレバレだった。可愛い彼女を自慢したいという気持ちも少しあったかもしれない。

その二年後、私が二十七、彼女が二十三の

時に結婚した。一九八六年（昭和六十一年）三月九日、新婚旅行はヨーロッパだった。

その時のスケジュールが残っているので、記しておこう。

一九八六年三月九日〜三月二十日
三月九日　成田ＩＮ東急ホテル宿泊
三月十日　成田発二十一時三十分　ＪＡＬ四〇五便　機中泊
三月十一日　パリ着　パリ市内観光（モンマルトルの丘など）　パリ宿泊
三月十二日　ベルサイユ宮殿観光など　パリ宿泊
三月十三日　ベネチア着　サンマルコ広場など　ベネチア宿泊
三月十四日　フィレンツェ市内観光　サンマリノ宿泊
三月十五日　ミラノ市内観光など　ミラノ宿泊
三月十六日　ギリシャ市内観光　パルテノン神殿など　アテネ宿泊
三月十七日　エーゲ海一周クルーズ（キプロス島、シチリア島など）　アテネ宿泊
三月十八日　西ドイツ市内観光　フランクフルト宿泊
三月十九日　フランクフルト発　ＪＡＬ四三四便　機中泊
三月二十日　成田十六時二十五分着

街宣車の前でのツーショット

性格的にイケイケの私に対して、家内は何事も控え目な女性だった。派手なことは好まず、美食もブランドも興味がなかった。回転寿司が好物だというくらいだから、金のかからない女房だったと言える。むしろ私が「何か欲しいものはないのか」と問いただすくらいだった。

私が選挙に出た時も、私の隣で大勢の人に頭を下げてくれた。そして選挙が終わると、決まって「もう選挙はやめてよね」と言うのである。派手なことは好まないが、私のためにといろいろと我慢してくれていたのだろう。

家内がこの世を去ってから、初めてわかったことがある。それは、家内が私の活力の源だったということだ。大きなパーティーを催して大勢の人が集まると、家内はそっと「パパすごいね」と私に耳打ちする。すると私は猛烈に元気が湧いてきて、「よし、もっと頑張ろう」と思うのである。そう思って振り返ると、私は家内の笑顔が見たくて、仕事や選挙をやっていたような気がする。家内を失ってからの日々、私はエンジンの止まった船のように大海原を漂流していたが、原動力が失われたのだから、それは当然のことだったのだ。

ある日突然のガン宣告

神様は残酷なことをすると、つくづく思う。この世で何も悪いことをしていない家内をガンにするとは。それもガンの中で一番質の悪い膵臓《すいぞう》ガンにしてしまうとは。後から思い返してみれば、家内の叔母さんが膵臓ガンで若くして亡くなっていた。そのことをもっと注意していれば、家内が膵臓ガンになりやすい因子を持っているかもしれないと疑うこともできただろう。そう思って検査をしていれば、命が救えたかもしれない。

家内が膵臓ガンで余命半年であると宣告されたのは、本書の制作が始まったばかりのころだった。自叙伝の原稿を書き始めたところで、家内のガンが発見されたのだった。その

病院帰りの食事

ため本書の原稿制作が約一年遅れることとなった。

二〇二一年（令和三年）二月、家内はお腹の具合が悪いと訴え、行きつけの病院で子宮ガンと大腸ガンの検査をした。子宮と大腸には異常が見つからなかったが、血液検査でガンマーカーCA19－9（＊1）の数値が高いことから、ペットCT（＊2）を受けることとなり、所沢の専門病院で検査を受けた。

＊1　ガンマーカーCA19－9
肝臓ガンのAFP、前立腺ガンのPSA、消化器ガンのCEAなどとともによく知られた腫瘍マーカーのひとつで、特に膵臓ガンの発見や病状の確認によく使われる。一九七八年に米国のコプロフスキー博士が発見し、CA19－9と名づけた。「ナインティーン・ナ

イン」と読む。正常値は37U／MLとされている。

＊2　ペットCT

PET‐CT検査とは、ガン細胞が正常の細胞に比べて多くのブドウ糖を取り込むという性質を利用して、放射線薬剤を体内に投与し、特殊なカメラで撮影するもの。臓器の形を画像化する検査（X線CT）とPET検査を組み合わせることにより、ガンの部位や形態を特定することができる。

家内はその検査で膵臓に異常があることが判明し、三月にわが家から近い埼玉医大国際医療センターで精密検査を受けた。その結果、膵臓ガンがすでにステージ4Bまで進行しており、しかも他臓器への転移があるため手術が不可能であるという診断が下されたのであ

当選した日の家族写真

る。

この段階での治療法としては抗ガン剤治療（＊3）と免疫療法（＊4）があったが、私たちは一般的でよく知られている抗ガン剤治療を選んだ。四月からワンクール二週間、四十八時間の抗ガン剤治療が在宅で始まった。

＊3　抗ガン剤治療

外科手術や放射線治療と並んでガンの治療法として重要な役割を果たしている治療法。外科手術や放射線治療と組み合わせて使われることも多い。血液に乗って全身へ流れた成分がガン細胞を攻撃し、効果が出る。点滴や注射、飲み薬の形で投与されるが、全身に成分が行き届くため、全身に対して効果がある。ガン細胞だけでなく正常な細胞も攻撃してしまうため、さまざまな副作用が知られている。

＊4　免疫療法

免疫の力を利用してガンを攻撃する治療法。免疫では「免疫細胞」と呼ばれる血液中の白血球などが中心的な役割を果たすが、このうち「T細胞（Tリンパ球）」にはガン細胞を攻撃する性質があるため、免疫療法で重要な役割を担っている。現在、効果が証明された免疫療法には「免疫チェックポイント阻害薬」を使う方法と、その他の免疫療法がある。

なんでも鑑定団に出演

急転直下とはまさにこのことである。前年の十二月三十日には、私は家内を連れて飯能市高山を訪れ、加藤家の神様に松飾りを納めてきた。

我が生誕地は山の中なので、険しい山道を登っていかないと神様のところには行けない。特に山の神様は「天井」と地元の人が呼ぶ山頂付近にある。家内は体の不調などまったく感じさせない足どりで、険しい山道を三十分近くも歩いたのだ。それほど、膵臓ガンという病気は自覚症状がないままに進行してしまう病気だということだ。

今から思うと、あの時に家内を連れて山の神様のところに行ったのは、何かの導きだったのかもしれない。というのは、毎年神様のところに行くのは私の役目で、家内が一緒に行ったのはあの時が初めてだったのだ。

家内は以前から血圧がやや高めだったが、そのために地元の医院から降圧剤を処方してもらうほかはさしたる異常もなく、定期的な乳ガンと子宮ガンの検査を受診する程度だった。その時はまさか家内に膵臓ガンが進行しているなど、想像すらできなかった。

自覚症状がないままに致命的な段階まで進行してしまう病気のことを、一般に「サイレント・キラー」と呼ぶが、膵臓ガンはその中でも最も恐ろしい部類の病気であった。そして、それから家内の苦難に満ちた抗ガン治療の日々が始まった。

私のサポート役に徹していた家内

私は家内を自分の理想の女性に仕立てていたのかもしれない。「大学に行くと変な虫がつくから」と進学させず、お姫さまのように大事に扱って結婚した。家内もそれに応えて「パパに永久就職したのだから」と、どこかで働こうとすることもなかった。

家内は内向的という程ではなかったが、徹底的に私のサポート役を務めてくれた。来客があればさっとお茶を出し、私の身のまわりを常に整理整頓してくれていた。まさに理想的な秘書役だった。

私は浮気をしたことがないが、それは家内が怖かったからではない。家内がこの世で一番私に合った女性だからだ。容姿、性格すべてが私の好みに「どストライク」で、「ママみたいな人はいないよ」と、私は幾度となく口にしたものだ。

家内は私の選挙が終わるたびに「選挙、本当にお疲れさま。当選してよかったね」と言ってくれた。本当は「内助の功」で大変だったと思うが、毎回選挙が始まると、「パパがんばれ」と一生懸命に応援してくれた。後援会の人と一緒に、一日に百軒、二百軒と訪問してくれた。これはやったことのある人にしかわからないと思うが、なかなか大変な仕事である。それを家内は不平を口にすることもなく、平然とやっていた。

家内は贅沢ということをまったくしない女性だった。ブランドで品物を選ぶということがなく、安くても自分に似合うもの、使いやすいものを愛用した。食べ物の嗜好も同じだった。

家内の死後、家に大量の消耗品の備蓄があることがわかった。トイレットペーパー、ティッシュ、石鹸、シャンプー、洗剤、柔軟剤、掃除用品、カップラーメン、レトルトカレー。なんでこんなに買ったのかと思うくらいあった。

だが一周忌が近づくと、それらの備蓄がほぼなくなってきた。つまり家内は自分の死期を悟ってから、私が困らないようにと消耗品を一年分買い込んでくれていたのだ。

そして台所のいろいろなところに小さなメモ用紙が貼ってあった。全部で五十枚くらいだろうか。ほとんどが私に対する指示だった。

「月曜日はタオルを洗う」

「水曜日はお風呂の排水口を掃除する」

その他、ゴミの日やいろいろなこと、私が忘れそうなことが細かく書かれていた。本当に、いい女房だった。

美智代の母からの言葉

私と家内が結婚式を挙げた時に、青年会の仲間が『ＦＩＧＨＴ　一日一発！』と題した記念冊子を作ってくれた。手書き原稿をコピーして綴じてくれたものだが、その中に美智代の母が寄せてくれた一文があるので、ここに紹介しておきたい。

＊＊＊

母から美智代へ

美智代、結婚本当におめでとう。

お母さん、嬉しいのと、淋しいのが一緒です。

美智代は昭和三十七年五月三十日、昼すぎに八百五十匁《もんめ》（三千百八十キログラム）で、安産でこの世に生を受けました。

可愛い瞳で、お母さんの顔をじっとみつめながら。

お母さんの母乳で育ちました。


小さい時から大きな病気もせずに、元気に育ってくれました。幼稚園に入った頃は、木琴がとても上手で、遊戯が得意でした。

ある時、お弁当を作っている時は元気なのに、幼稚園に行く時になるときまって気持ちが悪いと言いだしたことがありました。お医者様に行くと、どこも悪くないと言われるし、お母さん困ったことがありました。

後でわかったのですが、目が大きかったので「出目キン」と言われ、それが原因だったのですね。

でも小学校になると一日も休まず学校に行きましたね。

そうそう、美智代に家庭科で作った椿の刺繍の枕カバーをいただいたことがありました。中学になると、いつのまにか英語が得意科目になっていましたね。そしてテニスクラブで三年間汗を流していましたね。

美智代が高校生になった時、お母さんは腱鞘炎で一か月ほど手がまったく使えなくなったことがありました。そんな時、家事を全部一人でしてくれたり、お母さんの髪を洗ってくれたり、本当によくやってくれました。

お母さん、美智代がいてくれてよかったと、つくづく思いました。

そうそう、医者で私が検査のため血を採ったのを見て、気持ち悪くなってしまったこともありましたね。本当に臆病なのだから。

美智代のおかげで今は元気になりました。ありがとう。

お母さん、美智代を叱ったのは清さんと付き合いだして門限の十時を過ぎて帰ってきた時くらいでしたね。母の口から言うのもおかしいですが、美智代は本当に明るく、素直な娘に成長してくれたと思います。

これからはどんな時でも清さんを信じ、清さんと二人で力を合わせて幸せな家庭を築いていってください。それがお母さんの一番の望みです。

最後に、清さん、至らぬ美智代のこと、よろしくお願いしましたよ。一日も早く孫の顔を見せてください。

昭和六十一年三月吉日　母　中里美富

＊＊＊

クラスメートから

同じく記念冊子『ＦＩＧＨＴ　一日一発！』より、家内のクラスメートだったたまちだひさこさんと柴田佳代子さんからの文章を紹介する。

＊＊＊

みちへ

今もアルバムを開けると、昨日の様に思い出される学生時代。

高校の三年間ずっと同じクラスで、いつも側にいて笑っていた〝みち〟。

いい事をする時も、悪い事をする時も、行動を共にして来たね。

色んな事がありすぎて、ここに書ききれそうにありません。

運命の高三の時、教育実習に来た清さんは、まだ〝学生してる〟って感じを残していましたが、最近はすっかり見違えて（?）立派になったようですね!!

実習最後の日、みんなでお別れの手紙を書

ガン告知後の家内

いたよね。みちは「清のお嫁さんになりたいな」と書いた事、覚えています。

その時の印象がやけに残っているせいか、卒業して二人が付き合っていると聞いた時、私はきっと必ず、この良き日が来ると思ってました。

〝みち〟、おめでとう。この幸せを大事にして、清さんのご両親にかわいがってもらってね。それと、泣いたり、笑ったり、楽しかったあのセーラー服の時の思い出、お互い大切にしよう。

まちだひさこ

＊＊＊

＊＊＊

御結婚おめでとうございます。


中学校時代の私たち仲良しグループのリーダー格で、いつも私たちの心を和ませてくれる楽しい話題の提供者。

そんなミチも早いもので結婚されて主婦となるのですね。

学生時代を思い出すときりがなく、今でもまた制服を着て、テニスラケットを持って登校して行きそうな気がします。

思い出は何よりの財産だと思います。中学校時代の私に、楽しい思い出をありがとう。

新しい人生がスタートしますが、持ち前の明るさと根性で立派な家庭を築いてください。

柴田佳代子

＊＊＊

ガン告知後の家内

闘病の記録

ここからは家内の膵臓ガンが発見されてから、亡くなるまでの時間経過を記しておきたい。健康な人にとっては気持ちが暗くなるような記述かもしれないが、人間誰しもいつかは死ぬのである。家族がガン宣告を受けた時のためにも、こうした経緯は知っておいたほうがいいと思う。

令和三年二月五日
前年の夏ごろから下腹部痛があり、産婦人科で子宮ガン検診などを受診するも異常なしと言われていた。この日、日高市武蔵台病院を受診。

令和三年二月十八日
日高市武蔵台病院で下部消化管内視鏡検査を行うが問題なし。ＣＴ検査でも病変発見できず。

令和三年三月四日
日高市武蔵台病院でガンマーカーCA19-9検査。通常0～37・0のところ、393・3U／MLの異常値。

令和三年三月十三日
ガンマーカーの高値から、所沢永仁会シーズクリニックにてペットCTを受診。膵腫瘍の疑いと診断される。

令和三年三月十九日
日高市武蔵台病院受診。ガンマーカーCA19-9検査で2399・6。

令和三年三月二十三日
埼玉医大国際医療センター・包括がんセン

元気なころ、親戚のみなさんと

ター初診

令和三年四月二日

埼玉医大国際医療センターにてCT検査。膵体部ガン、腹膜転移、腹水ありの診断。ステージ4のため外科的手術は無理で、抗ガン剤治療をすすめられる。

令和三年四月六日

埼玉医大国際医療センターにて血液検査

令和三年四月十二日〜十四日

埼玉医大国際医療センター・消化器内科入院。超音波内視鏡下穿刺吸引細胞検査（＊5）を実施。

＊5　超音波内視鏡下穿刺吸引細胞検査

超音波内視鏡下穿刺吸引法（ＥＵＳ‐ＦＮＡ）により、ガン細胞を採取して検査すること。超音波内視鏡（ＥＵＳ）を使用してガン細胞に細い針を刺し、ガン細胞を採取する。採取された検体でガン細胞の診断を行い、治療方針の決定に役立てる。検査には苦痛はなく、検査の翌日より食事も可能。

令和三年四月十七日

埼玉医大国際医療センター・消腫科にて抗ガン剤治療用の中心静脈カテーテルポート（＊6）挿入手術を実施。

＊6　中心静脈カテーテルポート

中心静脈カテーテルとは、抗ガン剤を静脈投与するために、刺激性の抗ガン剤でも影響が少ない中心静脈に挿入する管（カテーテル）のことを指す。点滴や注射のための接続部（ポート）が設置され、点滴のたびに針で血管を何度も刺す必要がない。

令和三年四月二十二日

長女愛美と

ガンマーカーCA19－9検査で7310・1。埼玉医大国際医療センター・消化器病腫瘍科初診。

令和三年四月二十六日

FOLFIRINOX療法（＊7）が開始される。膵臓ガン抗ガン剤治療一回目。病院で四時間、自宅にて四十六時間の投与、十一日間休薬のサイクル。吐き気、嘔吐、食欲不振、下痢などの副作用がある。最もつらい副作用は、末梢神経症状として手、足、口のしびれ、痛み。冷たい食べ物が口にできず、冷蔵庫からものを取りだすときや、水仕事をするとき、金属のドアノブなど冷たいものに直接触れることができない。

＊7　FOLFIRINOX療法
膵臓ガンの代表的治療法で、5-FU・イリノテカン・オキサリプラチンという三種類の抗ガン剤に、5-FUの増強剤であるレボホリナートを加えて使用する。二週間ごとに繰り返す治療で、最も推奨度が高い治療といわれるが、副作用（感染症・下痢・しびれなど）の頻度が高く、十分な体力があり、全身状態が良好な患者が対象。

令和三年四月二十八日
　四十六時間抗ガン剤投与の抜針にて来院するも、食欲不振、吐き気で点滴措置。

令和三年五月六日
　ガンマーカーCA19－9検査で121447・4。埼玉医大国際医療センターにて不眠のためアルプラゾラム（＊8）にルネスタ（＊9）追加。

＊8　アルプラゾラム
　アルプラゾラム（商品名ソラナックス、コンスタン）は、不安や緊張を強く感じる患者や、うつ症状がある患者、心身症が原因で生じる血圧の上昇や胃・十二指腸潰瘍、頭痛などの症状に対して用いられる。中程度の効果を持つ短時間作用型の薬で、不安に対

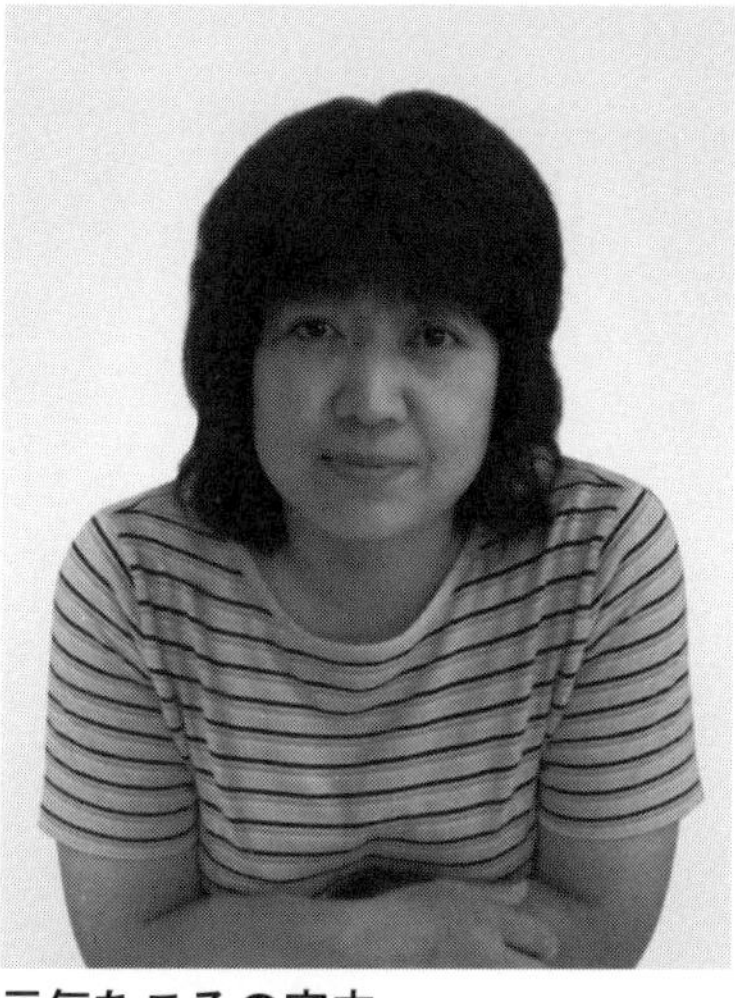

元気なころの家内

して速やかに作用を示す。副作用は比較的少ないが中長期的に服用している患者には依存症が生じることがある。

＊9　ルネスタ
不眠症に対して処方されるシクロピロロン系の睡眠障害改善剤。連用により依存症、急激な量の減少により離脱症状を生じることがある。薬機法における習慣性医薬品。

令和三年五月十二日
水村医院にて血圧薬処方。

令和三年五月十八日
ＦＯＬＦＩＬＩＮＯＸ療法抗ガン剤治療二回目。便秘あり。

令和三年五月二十日
四十六時間抗ガン剤投与の抜針。

令和三年五月二十五日

国立がん研究センター東病院・先端医療科にてセカンドオピニオン。「光免疫療法（＊10）治験」を求める。遺伝子パネル検査（＊11）により遺伝子治療の可能性を模索。

＊10　光免疫療法

外科手術、抗ガン剤、放射線治療、免疫療法に続く「第五のガン治療法」として注目されている治療法。ガン細胞だけに吸着する薬剤を投与した後、正常な組織にほぼ害を与えない近赤外光を照射することで、ガン細胞を破壊する。

＊11　遺伝子パネル検査

複数のガン関連遺伝子を一度の検査で調べるもの。次世代シークエンサーという装置を使ってガン

妻と長男

関連遺伝子を一度に解析する。この分野をリードするアメリカでは、ガン遺伝子パネル検査がすでに医療に利用されている。日本では二〇一九年六月より、ガン遺伝子パネル検査が健康保険の適用対象となった。患者のガン組織や血液からＤＮＡなどを抽出し、ガン関連遺伝子に変異があるかどうかを解析する。検査の対象となる遺伝子のセットのことを「パネル」と呼ぶ。ガンに関わる多くの遺伝子を調べることで、一種類の遺伝子だけに絞った従来の検査ではわからなかった変異が見つかることがあり、患者一人ひとりにふさわしい治療を行うことにつながると期待されている。

令和三年六月一日

ＦＯＬＦＩＬＩＮＯＸ療法抗ガン剤治療三回目。ガンマーカーＣＡ19―9検査で8049・0。国際医療センターＦＮＡ検体検証(＊12)。ガン細胞の検体採取量が少なく、遺伝子パネル検査施行困難の可能性ありと言われるが、アメリカの検査機関に送るよう依頼し、検査発送してもらう。腹水増悪、食欲低下。腹水を抜くための復水濾過濃縮再静注法（ＣＡＲＴ）（＊13）を希望。群馬県角田病院に施術のため紹介状と病状ＤＶＤを作成してもらう。

＊12　ＦＮＡ検体検証　↓　＊5

＊13　CART
　腹にたまった腹水を抜き、細菌やがん細胞を取り除いてアルブミンなどを濃縮した腹水を再び体へ戻す方法。難治性腹水症または胸水症の患者のみ保険適用。自分の腹水を戻すため、未知の病原体に感染する可能性がない。

　令和三年六月三日
　四十六時間抗ガン剤投与の抜針。遺伝子パネル検体摂取不良の可能性を考え、慶應義塾大学病院における検体検査（Ｇｕａｒｄａｎｔ３６０自費承諾）（＊14）のための交渉を依頼。

＊14　Guardant360

クルージング船内での２ショット

ガーダントヘルスジャパンが開発したガン遺伝子パネル検査。固形ガンの遺伝子変異解析と治療薬のコンパニオン診断が早期に実現する。

令和三年六月七日
群馬県角田病院にガン性腹水治療法である腹水濾過濃縮再静注法（ＫＭ－ＣＡＲＴ）の施術のため来院するが、腹水が減少していたため帰宅。

令和三年六月九日
お風呂に入る。

令和三年六月十五日
ＦＯＬＦＩＬＩＮＯＸ療法抗ガン剤治療四回目。
令和三年六月十七日
四十六時間抗ガン剤投与の抜針。

令和三年六月二十三日
お風呂に入る。
令和三年六月二十五日
比留間医院で耳鼻科受診。
令和三年六月二十七日
お風呂に入る。
令和三年六月二十九日
ＦＯＬＦＩＬＩＮＯＸ療法抗ガン剤治療五回目。
令和三年七月一日
四十六時間抗ガン剤投与の抜針。

くつろぎの２ショット

令和三年七月六日
埼玉医大国際医療センターにて輸血。水村医院にて血圧の薬処方。
令和三年七月八日
慶應義塾大学病院・腫瘍センターにて遺伝子検査予約。

令和三年七月十一日
お風呂に入る。

令和三年七月十三日
ガンマーカーCA19－9検査で7569・5。FOLFILINOX療法抗ガン剤治療六回目。

令和三年七月十四日
比留間医院にて皮膚科受診。
令和三年七月十五日
四十六時間抗ガン剤投与の抜針。

令和三年七月十九日
藍原眼科医院受診

令和三年七月二十日
国立がん研究センター東病院にセカンドオピニオン。ゲノム検査（＊15）による治療法を選ぶ。
＊15　ゲノム検査　↓　＊11

令和三年七月二十五日
足の浮腫が少しある。お風呂に入る。

令和三年七月二十七日
ＦＯＬＦＩＬＩＮＯＸ療法抗ガン剤治療七

LOVEの看板の前で

回目。足の浮腫でパンパンに。

令和三年七月二十九日

四十六時間抗ガン剤投与の抜針。

令和三年七月三十日

腹部ＣＴ撮影。

令和三年八月三日

ホリスティカメディカルクリニック松山医院にて六種複合免疫療法ＣＳＣガン幹細胞・ガン細胞を標的とした新樹状細胞ワクチン療法（＊16）初診。

＊16　六種複合免疫療法

ガンを作り出すと考えられているガン幹細胞（ＣＳＣ）を標的とする新しい免疫治療法。キラーＴ細胞などがガン幹細胞を認識して攻撃するために、樹状細胞にガン幹細胞を認識させる。ガン細胞とガン幹細胞の両方を標的として攻撃するため、ほぼすべてのガンの治療および予防、手術後の転移、再発の予防にも適応がある。培養期間が必要なので、採血してから投与までに三週間ほどの時間が必要。症例により効果に差があり、病勢が強い場合にまったく治療効果が見られないことがある。

令和三年八月六日

ガンマーカーCA19-9検査で8071・0。

令和三年八月十日

埼玉医大国際医療センターにて抗ガン剤治療の終了。

令和三年八月十六日〜十八日

群馬県角田病院にてKM-CART施術のため入院。帰路、松山医院に寄り診察。

令和三年八月十七日

自宅前にて

介護ショップ山手より退院に備えて初めて介護ベッドを設置。
令和三年八月十八日
ホリスティックメディカルクリニック松山医院にて六種複合免疫療法。
令和三年八月二十日
六種複合免疫療法（同仁がん免疫研究所）培養発注。
令和三年八月二十四日
国際医療センター点滴治療。診断書発行。
令和三年八月二十七日
ひだかK＆F訪問介護ステーションより看護師による訪問看護開始。
令和三年八月二十八日
ひだかK＆F訪問看護ステーションより看護師による訪問看護。

令和三年八月三十一日
ひだかK&F訪問看護ステーションより看護師による訪問看護。

令和三年九月三日
ひだかK&F訪問看護ステーションより看護師による訪問看護。自力で洗面所、トイレに行けなくなり、部屋にポータブルトイレを設置する。ベッドから自力で立つのが辛くなり、介助を必要とするようになる。

令和三年九月四日
ひだかK&F訪問看護ステーションより看護師による訪問看護。体をタオルで拭いてもらう。大好きなマスカットを二粒食べる。

令和三年九月六日
ひだかK&F訪問看護ステーションより看護師による訪問看護。体温三十七・三度。起き上がることができなくなり、紙おむつを使い始める。

令和三年九月七日
ひだかK&F訪問看護ステーションより看護師による訪問看護。体温三十六・九度。

令和三年九月八日
岡村記念クリニック在宅患者訪問診察。ひだかK&F訪問看護ステーションより看護師による訪問看護。体温三十七・一度。

令和三年九月九日
岡村記念クリニック在宅患者訪問診察。ひだかK&F訪問看護ステーションより看護師による訪問看護。体温三十七・五度。痛み止めアンペック座薬十個、フェントステープ○・五mg七枚。

令和三年九月十日
ひだかK&F訪問看護ステーションより看護師による訪問看護。体温三十七・一度。ベッドに寝たまま洗髪してもらう。夜まで話をすることができた。在宅酸素供給装置を設置してもらう。

令和三年九月十一日
岡村記念クリニック在宅患者訪問診察。ひだかK＆F訪問看護ステーションより看護師による訪問看護。体温三十七・一度。朝から意識がなくなり、話ができなくなった。目から涙を流して反応している。

令和三年九月十二日
ひだかK＆F訪問看護ステーションより看護師による訪問看護。体温三十九・一度。午前十一時と午後九時の二回、黒い汚物が出る。おむつを交換してあげる。

令和三年九月十三日
ひだかK＆F訪問看護ステーションより看護師による訪問看護。体温三十九・七度。

長女と３人で

令和三年九月十四日
ひだかK&F訪問看護ステーションより看護師による訪問看護。体温三十九・〇度。

令和三年九月十五日
岡村記念クリニック在宅患者訪問診察。ひだかK&F訪問看護ステーションより看護師による訪問看護。体温三十九・〇度。

令和三年九月十六日
岡村記念クリニック在宅患者訪問診察。ひだかK&F訪問看護ステーションより看護師による訪問看護。体温三十九・七度。午前十時四十六分、旅立つ。医師による死亡診断書の死亡時刻は十二時四十六分。

実録・家内最後の一週間

令和三年九月九日 午前四時二十七分
美智代の呼吸が細くなってきた。目の前で人の死の瞬間、臨終のその時に立ち会うのは生まれて始めての経験だ。

毎日泣いていたのに今は涙が出ない。臨終まで看取りできたことの有難さなのか。美智代ありがとう。あの世でまた一緒になろうな。息を引き取るかも知れないが、不思議と涙が出ない。今は。

将ちゃん(息子)が帰ってくるまで頑張れママ。切れかけていた息が吹き返した。脈も戻ってきたようだ。危険な状態は脱したようだ。意識も戻った。まだママは生きている。よかった。嬉しい。美智代も私も二人でお互い頑張った。満足感のようなむしろ清々しさを感じる瞬間だ。

夕方からおばあちゃん、弟をはじめ親族、親戚の皆と会うことができた。美智代は「パパを頼むね」と来る人皆にお願いしている。本当にありがとう。

私にも、「愛ちゃん(娘)、将ちゃんのこと頼むね。高岡のお母さんの面倒看て上げられなくてごめんね。パパの面倒看て上げられなくて本当にごめんね」と言ってくれた。

「大丈夫だよ。美智代のお母さんのことも、パパが何かあれば面倒見るから大丈夫だから。頑張れママ」と答えた。

令和三年九月十日午前十一時

美智代の高校生の時の一番の親友が午前中に訪ねて来てくれた。「ミチ、頑張れ」と励まされ、高校生の時に助けられたことや思い出話にうなずきながら話すことができて本当に良かった。ひさこさんありがとう。

午後になり、近所の人やお世話になった方々が訪ねてこられた。「パパのこと助けてあげて下さい」と、薄れゆく意識の中、やっと出す声で、来る人来る人皆に最後まで頼んでいた。

病気がわかってから毎日欠かさず行っている患部への手かざしをして、知人より聞いた言葉を百回唱えてあげた。美智代は安心したように眠りについた。よかった。

令和三年九月十一日

今日から何もしゃべれなくなった。意識はあるようだが目をつぶったままで、時折私の問いかけに涙を流して答えてくれている。

口の中にじわっーと、タンと胃液が出て気道をふさいでしまいそうになる。気付かずにそのままにしていると、呼吸が弱いので窒息死してしまう。横で一日中見守りながら、長女が買ってきてくれた口腔ケアスポンジブラシで、口の中に溜まった真っ黒な液体の汚れをかき出してあげると、楽そうに静かに呼吸を始めている。

午後になって訪問医療担当ドクターの岡村院長が来てくれた。診察を終え「今夜が山」と言われた。

夜中の十二時を過ぎた。日付が変わった。

子供たちと家内

令和三年九月十二日午後〇時四十五分

妻としゃべれなくなることへの恐怖を感じている。美智代と話ができない、何も聞くことができなくなるのかと思うと、気が狂いそうになる。どうしてよいのかわからない。頭が混乱している。

看取りは心が折れる。気持ちを殴り書きしているこの瞬間、息が切れてしまうのではないかと気が気でない。眠ることもできない。

まだ五分しか経っていない。息があるか確認してトイレに行く。トイレから帰る。よかった、まだ生きている。

父親の時も、親戚のおじさん、おばさん、義父の時も、みんな病院で息を引き取ったので、人の死に立ち会うのは妻の死が始めてだ。

世界中で一番愛おしい人の「死」を目の前で迎えるのは何とも言えない。恐怖ではない。何だろうこの気持ち。隣で「終末を待っている」ようで、何とも言えないこの気持ち。言葉にならない。覚悟なんかできていない。

ベッドの横の布団で横になってみたが。眠ることもできない。ただただ横で耳を澄まして息づかいを聞いているだけだ。人の死って何だろう。もう会えないと思うと気が狂いそうになる。

これから一人で耐えられるか不安だ。誰か助けてほしい。今は二階にいる長女夫婦が唯一の救いだ。本当に一人だったらいられない。今でも凄い孤独感。ママ死なないでくれ。寝よう。寝ないと明日がもたない。ペンのインクが出なくなった。ペンを替えに起きる。このペンも出ない。

寝よう。ママ頑張ってくれ。その時がいつ来るのか不安だ。怖いかも知れない。失うことが。逝ってしまうことが。愛する美智代を。

早く夜が明けないか。暗いのは嫌だ。

太陽の光が見たい。ママの命があるうちに明るい太陽が見たい。

ママ、天国に行くのはもう少し後にしてくれ。よかった、まだ息をしている。寝よう。

一時は呼吸が早くなり、脈が弱くなり、今にも逝ってしまいそうになるも、手を握って「ママ逝くな」と念じ続けたところ、呼吸が持ち直して呼吸も脈も元通りになり、持ち直して頑張っている。美智代、すごい。

草木も眠る丑三つ時だ。

外の飼い犬が吠えている。迎えに来たのなら追い返してくれ。天から来たのか迎えが。神は何をもって、長生きできる人と、そうでない人をお創りになるのだろうか。あの世はどうなっているのだろうか？

この世とあの世でプラスマイナスゼロなのか。そうでないとずるいよ。

何か悪いことしたのか、美智代は。

それとも私への罰なのか。人は知らず知らずに罪を犯すというが、私は何か知らないうちに大きな罪を犯したのだろうか。わからない。「世の為、人の為に働く」がモットーの私には、わからない。今はただただ美智代のことを考えている。奇跡よ起これ。死ぬな。

外の犬がいつの間にか鳴き止んでいる。

隣の美智代は息をしていてよかった。助かった。寝よう。だが寝られるわけがない。

今、この時が私の生涯で一番辛く、苦しい時間だと思う。美智代、生きてくれ。

この時間を乗り越えたら、きっとどんなことにも負けない、強い自分になれると思う。

今が辛いから。

美智代の寝息がいつまで続いてくれるのか、本当に不安で怖い。

酸素吸入器の音が耳に付いて眠れない。早く朝が来てほしい。


喋ることができなくなった。

長女夫婦が買い物に行って、今は妻と二人きりになった。

悲しいけど、ママ、ママはパパより先にあの世を見ることができるのだから、必ずあの世がどんなところが教えてほしい。パパは不安なので、美智代が先に逝ったら必ず夢に出てきて、どんなところか知らせて下さい。

家族４人で

丑三つ時になると、なぜか飼い犬のクロが吠えだす。美智代の呼吸も細くなり、切れそうになる。また迎えに来たのか。もう少し待ってくれ。

口の中を確認し、口腔スポンジブラシで黒い液体を取り出してあげる。犬も鳴き止んだ。

十二日は何とか越せそうだ。

令和三年九月十三日

今日は少し調子がよさそうだったので、毎日来ていただいている看護師さんに、ママの体を拭いてもらった。気持ちよさそうだ。ママ気持ちいいか。

毎日、体内からはかなりの量の黒いドロドロしたものが出ている。

何とか無事に過ごすことができそうだ。

明日には長男が帰ってくるので頑張れと言った。

ママ、明日、将ちゃんが帰ってくるからな。頑張れ。

ママに通じたようだ。声は出ないが涙を流して答えている。

令和三年九月十四日

看護師の方が今日も来てくれた。変わりはないようだ。

口の中の胆汁が貯まると呼吸ができなくなるので、一時たりとも目を離すことはできない。気が付かないでかき出してあげなければ、すぐに逝ってしまう。

病院だったら、もうとっくに逝ってしまっているだろう。

昼頃に長男が帰って来た。一時間ほどママの手を握っていろいろと語りかけている。

しゃべることはできないが、目を少し動かしたり、涙を流して答えてくれているようだ。息のあるうちに将伍に会うことができて、本当によかった。

十一日に「今夜が峠」と言われて、親族、

今井絵理子議員と

親戚、友達、お世話になった方々と最後の別れができた。十一日から妻は声を出してしゃべれなくはなったが、意識はあり、すべてわかっているようだ。

令和三年九月十五日
一日中、手を握って見守っている。しゃべれなくなってからはずっと、トイレに行く時、お風呂に入る時は、長女の愛美に代わってもらい、後はほとんど付きっきりで、妻のそばにいて様子を見ている。

呼吸がだんだん弱くなったり早くなったり切れそうになったり、危険な状態が続いている。いつ逝ってもおかしくない状態だとドクターからも言われている。

毎日訪問していただいている看護師さんからも、「よく頑張っている。奇跡です。家族の愛です」と言われている。

ママはすごいよ。苦しくないか。

以前から医師より処方していただいた、「痛がったり、苦しんだりしたら貼ってあげてくださいと言われている、医療用麻薬のパッチは四枚しか使用していない。
毎日欠かさず行っている患部への手かざしをして、知人より聞いた神の言葉を百回唱えてあげたことが効いているのか、服用している高額なサプリが効いているのか、免疫療法が効いているのかわからないが、末期癌で終末を迎える患者さんは、多くの痛みを訴える人が多いと聞いているが、妻は末期を迎えてもほとんど痛みを訴えたり、苦しいと叫ぶことがないのが唯一の救いだ。

本人は辛かったろうが、家族としても、痛がらずに逝けると思えることが救いとなる。今日も一日が終わる。丑三つ時が心配だ。ママお休み。恒例の口づけをした。心配しながら長男は帰っていった。
長女が一緒にいてくれて有難い。本当に感謝している。いてくれるだけで心強い。

令和三年九月十六日　午前二時
魔の丑三つ時が来た。犬が吠えだした。ママ頑張れ。ママ。
二人の子供を産んでくれて、子育てしてくれて、私の面倒を一生懸命見てくれて、両親の面倒を見てくれて、本当にありがとう。感謝してもしきれない。ママありがとう。

もしもママが逝ってしまったら、ママの思い出の品は、写真やビデオを除いて身の回りの品々、衣類はすぐに処分するけど許してな。身近なものがあると、愛しているが故に、悲しみが深く大き過ぎてしまい、心が折れて泣いてばかりで、死んでしまいたくなって前にも後にも進めないから。

許してくれるか。ママありがとう。


四時ごろより息づかいがおかしくなる。

今日の夜明けは五時二十六分なので、「夜明けまで頑張れ」としっかりと手を握りしめて美智代に言っている。

しきりに黒い胆汁のようなものが口に溜まるので、昨日長女が買ってきてくれた新しい口腔ウェットティッシュを口の中に入れて取り除いている。これが詰まると窒息死になってしまう。また出たようだ。すぐに取り除いてあげよう。

美智代は頑張っている。雨戸を開けて太陽光を入れてあげよう。朝焼けがとても綺麗だ。

十六日を迎えられて本当によかった。

美智代にいつものキスをする。

息づかいが強くなったり遅くなったり。すぐに看護師さんに電話する。

二階にいる長女に「ママがおかしい、死にそうだ」と叫ぶ。

しっかりと妻の手を握りしめていたと思う。長女と私、空白の時間が始まった。

静かに息を引き取る。十時四十六分、ママが死んじゃった。

息の切れる瞬間のことは、何も覚えていない。何も考えられない。何も思い出せない。看護師さんが来ていた。ただ覚えているのは、「ママが死んじゃった」と叫んだことだ。

担当の医師が来た。死亡診断書の時刻は十二時五十四分。

私と母と家内

看護師さんが、綺麗に体を拭いてくれて、お化粧もしてくれて、一番気にいっていたスーツに着替えさせてくれる。午後には皆が来てくれた。
記憶がなくなっている。

令和三年九月十七日
今日も天気はよさそうだ。太陽の光を美智代にも見せてあげよう。
おだやかな日差しの中で、美智代を見つめていると涙がにじんでくる。
やっと我に返ったようだ。
ママ何で死んだんだ。さびしいよー。

美智代からの感謝のメッセージ

これは九月三日から十日までの間に、美智代が語った感謝の言葉を私が書き取ったものの抜粋である。『パパ泣かないで　美智代から・感謝のメッセージ』というタイトルで、生前の写真を添えた小冊子にまとめ、葬儀の時に参列者にお配りした。

＊＊＊

膵臓ガンの病気がわかった時、本当にショックでした。六か月の余命宣告を受け、抗ガン剤治療が始まった四月から、「仕事よりママが大事だ」「愛しているから」と言って、私に毎日付き添ってくれて、毎日むくんだ足や背中をさすって、体拭いて、爪切って、オムツ交換して、私に尽くしてくれました。本当にありがとう。とっても気持ちよくて嬉しかったです。

まだまだパパと一緒にいたかったけれど、パパと結婚できて本当に幸せでした。パパは泣き虫だから、いつまでも泣いていないで、頑張って仕事して、地域で一番の会社にして

家内と母と弟・博

ください。そして政治家を目指したのだから、世のため人のためにもう一度頑張ってみてください。健康に気をつけて私の分まで長生きしてください。私を自宅で最後まで看取ってくれて本当にありがとう。パパ泣かないで。
私はパパの老後の面倒を見てあげられなかったけど、本当にごめんね。パパのこと、大切にしてくれる人が現れたら、私が天国からパパと結婚前からの、二人だけの秘密の合言葉を教えて合図するから、一緒になっても許してあげるから。

私はみんなの憧れの先生「清」と、まさか結婚できるとは思ってもみませんでした。学校にフェアレディーZで通勤してきてカッコよくて、何でもできる清さんは、女子生徒の人気者でした。私にとっても理想の人でした。出会って四十年間、本当に感謝しています。パパ本当にありがとう。ごめんなさい。大好きな清さん、愛しています。美智代は世界一の幸せ者でした。さようなら。美智代。

愛ちゃん（長女）へ
愛ちゃんは伊賀さん（長女の夫）と仲良くして子供たくさん産んでくださいね。子供は天からの授かりものです。焦らなくても仲良くしていれば必ず授かりますから安心してください。天国から応援していますから、子供ができたら伊賀さんと力を合わせて立派に育ててくださいね。

愛ちゃんは無駄遣いするところがあるので、少し気をつけてください。闘病中は千葉から帰ってきてくれて、いつも買い物に行ってくれてありがとう。これからもパパを助けてあげてください。お願いね。

伊賀さん

毎週千葉から送ってきてくれてありがとう。伊賀さんの実家のお父さん、お母さんからも千羽鶴、贈ってもらってありがとう。そしてもう一度和歌山のご実家に一緒に行ければ良かったですと、伝えてください。嬉しかったです。本当にありがとう。

伊賀さん、愛美をよろしくお願いします。一生面倒を見て幸せにしてあげてくださいね。伊賀さん、愛ちゃん、パパのことも頼みます。愛ちゃん、元気に赤ちゃん産んだら、天国から毎日見てあげますからネ。子育ては夫婦で助け合うことです。頑張れ愛ちゃん。応援していますよ。ママより。

将ちゃん（長男）へ

将ちゃんは早く結婚して幸せな家庭を築いてください。パパみたいに奥さんを大切にしてあげてね。できるだけ早く日高に帰ってきてパパの仕事継いでくれると嬉しいです。そして日高の同級生や地元の人と仲良くして、パパの後継者として加藤家の四十八代目としてしっかり加藤の家を継いでいってください。将ちゃんのお嫁さんになる人は、日高に住んでパパの面倒も見てくれる人ね。

そのことがママからの最後のお願いです。いつまでも天国から将ちゃんのこと、応援して守っているからね。帰ってきたとき、足揉んでくれて本当にありがとう。気持ちよかったよ。

将ちゃん、パパのこと、おばあちゃんのこと、博おじちゃんのこと、頼みましたよ。頑張れ将伍。ママより。

加藤のお母さん

加藤家にお嫁に来て、本当にお世話になりました。お母さんの老後の面倒を見てあげられなくて本当にごめんなさい。久下のおばさんのように百歳まで頑張って長生きしてください。

元気なころは、お母さんの誕生日にはいつも焼肉かうなぎを食べに行きましたね。おじいちゃんが元気なころが懐かしいですね。おじいちゃんと天国でお母さんのこと、守っていますから安心してください。お母さん、これからもたくさん食べて長生きしてください。お母さんより先に逝ってしまって本当にごめんなさい。清さんのためにも、お母さんは長生きしてね。お母さんありがとう。美智代。

中里のお母さん（実母）へ

私を産んでくれて本当にありがとう。お母さんより私が先に逝ってしまって本当に親不孝だと思うけど許してください。清さんと結婚して、最後の最後まで私のことを大切にしてくれて、本当に幸せな一生だったから、そんなに悲しまないでください。天国でお父さんと二人で、お母さんのこと見守っているから、いつまでも長生きして頑張ってくださいね。

お兄ちゃん（実兄）へ

健康に気をつけてお母さんのこと頼みますね。困ったことがあったら清さんに何でも相談してください。清さんが何かあったら中里の力になると言っています。だから私も安心して逝けます。さようなら、お母さん、お兄ちゃん。

博さん（私の義弟）へ

博さんにはいつも清さんの裏方としてパパを支えてくれて本当にありがとうございます。パパは寂しがり屋さんで本当は弱虫です。偉そうで強そうにしているけど、何かやるときには必ず私に相談して、私が絶対に「いいんじゃない」と言うに決まっているのに相談していました。これからは博さんがパパの相談相手としてパパを助けてあげてください。博さん、健康診断はまめに受けて長生きしてください。ありがとうございました。心の籠もった手紙ありがと。感激でした。美智代。

義弟から美智代への手紙

私は不動産営業なのでお客様と話すのは得

弟と愛車

意ですが、身内には照れてうまく話せないので、手紙に思いを書きます。兄に読んでもらってください。

兄と美智代さんを、弟の立場で間接的に四十年間見てきました。二人は本当に相思相愛で理想的なカップル・夫婦だと常に思っておりました。この六か月間の兄の行動と言動を身近で見聞きして、本当に兄は美智代さんのことを「愛し仕事の原動力でありすべての根本が美智代さん」だということを今まで以上により実感いたしました。

現世で兄のことを四十年間愛し尽くしてくださり、本当にありがとうございます。これからも兄のこと、愛ちゃん、将ちゃん、会社のことを応援し見守ってください。私もできることは微力ながら兄の応援はいたします。

先日実家で美智代さんと兄の若いころの懐かしい写真を見せていただき、二人とも美男美女だと改めて思いました。美智代さんにはもっともっと長生きして兄と楽しい老後を送ってほしかったです。

元気だった時の明るい笑顔、選挙応援での内助の功の姿が思い浮かびます。膵臓ガンとわかってからの半年は本当に辛かったことでしょうが、天国は幸福なところだと聞いています。私は仏教を信じておりますが、天国も信じています。私も兄ももう少し現世で「修行」して頑張りますので、美智代さんはどうぞ天国から兄の見守りをお願いします。美智代さんは二十キロ、兄は十キロ痩せたと聞きましたが、美智代さんと兄の六か月間の心労と体の苦痛は想像を絶する闘いだったと思いますが、今後「天国と現世」また「来世」で、二人の糧となると信じます。どうぞ美智代さん天国で幸せな日々をお過ごしください。

本当に長い間、兄のこと、母のこと、父のこと、加藤家に尽くしてくださり、ありがとうございます。

＊＊＊

明徳院清室美賓大姉　二〇二一年（令和三年）九月十六日　美智代　五十九歳

第五章　未来に向けて走り続ける

わが家族がそれぞれ遭遇した過酷な「苦難」とそれに対峙した時の「覚悟」。それを身につけた私はこれからどんな物語を紡ぐのか。

泣いてばかりいた日々

家内が亡くなってから、葬儀、四十九日、納骨、遺品整理、一周忌があっという間に過ぎた。この一年間を振り返ると、前半の半年はほぼ廃人のようになっていた。スマホに保存してある家内の写真を見るたびに涙があふれ、人と会っていても家内の話題になると泣いてばかりいた。人と一緒にいるときはまだいいが、一人になると寂しくて、早く家内のところに生きたいと、死ぬことばかり考えていた。

しかし、家内を亡くした後、時が経つにつれて、次第に私の精神状態は落ち着きを取り戻した。だんだん泣くことが少なくなり、少しずつ自分のことを前向きに考えられるようになった。同じように伴侶を亡くした人から「時間が解決しますよ」と言われたが、その時は「そんなことあるものか」と反発していたのに、今では「本当にその通りだ」と思っている。

本書の第四章までは家内の一周忌以前にまとめたものだ。その時点では「これからのことなんて考えられない」と悲観的な気分でいたが、幸いなことに今はかなり前向きな気持ちでいる。そのため、本書を単なる自叙伝ではなく、読者の方々が何か小さなこと一つでも学べるような内容にしようと思うようになった。そのため、章タイトルも、本書のタイトルも変更している。タイトルはまだ気に入っていないので、おそらく完成までにまだ何回か直すと思われる。みなさんが手に取っている本のタイトルは、そうした紆余曲折《うよきょくせつ》の末に決まったものだと思っていただきたい。

そしてこの第五章だが、前章までと異なり、未来のことを語らなければならない。とはいうものの、今現在私がこれから何をしていくかは、正直なところ未知数である。福祉の仕事は続けていく予定で、一年、二年先までは予定があるが、その先はどうなるかまだわからない。もしかすると大きな路線変更や、新たな分野への挑戦を始めるかもしれない。

家内を失って、何もかもやる気がなくなっていたときに、少しだけわかったのは、私は仕事が大好きだということだった。自分の趣味は何だろうと考えたときに、仕事が趣味だと気づいたのだった。なんだか貧乏くさくて情けないようだが、ゴルフも、旅行も、ドライブも、それなりに楽しくはあるものの、没頭するほど好きかと聞かれると、そうではない気がする。それでは私はこれまで何に没頭していたかというと、仕事である。特に、新たな分野に挑戦するときは、魂が震えるような興奮を覚えた。だから、私は仕事が趣味なのだ。趣味というより生きがいなのだ。仕事をしていない私は、抜け殻のようなものなのだ。

そう気づいたとき、私の中にスイッチが入った。投げやりだった仕事への態度が、少しだけ昔のように活力あふれるものに近づいた。だからこの章は、今の復活途上の私が考えていることをランダムに記す章にしたいと思う。少し大げさに言えば、エッセイのようなものだ。ただし私は母と違って文学者ではないので、自分の仕事に絡めた話題を中心にしていきたい。少しだけ脱線するかもしれないが。

本書は私と私の家族が歩んできた、苦難と復活の物語であるが、どんな人にも苦難があり、復活の物語があると思う。そして不幸のどん底にいると本人が思い込んでいるときは、「世界で自分ほど不幸な人間はいない」と頭を抱えているものだ。だが、苦難は乗り越えてしまえば単なるエピソードにすぎない。本書をここまで読み進めてきてくれた人は、私たちの苦難を自分のそれと比べて、きっとそれが近いうちにエピソードになるのだと思っていただきたい。

そしてここからは、私が考えていることをランダムに並べていく。気軽に読んでいただいて、何か参考にできそうなものがあれば、どんどんパクってかまわない。私もそうやって生きてきたからだ。

当たり前の日常が素晴らしい

家内の死で私が得た教訓はたくさんあるが、その中で一番強烈なのは、当たり前の日常が素晴らしいということである。

家内が元気なときは、一緒に買い物に行って「くら寿司」でお昼を食べるのが当たり前の行動だった。私は家内に「もっと高いものを食べてもいいんだぞ」といつも言っていたが、家内はくら寿司がお気に入りだった。

家内はブランド品に夢中になることもなく、浪費もまったくしなかった。車もありふれた軽自動車で満足していた。

家に帰れば家に灯りがついていて、家内が迎えてくれる。家内が生きている時にはまったく当たり前と思っていたことが、当たり前でなくなった。暗い家の鍵を開け、誰もいない部屋の灯りをつける時、「あの当たり前の日々に、もっともっと感謝しておくべきだった」と痛いほど思った。そして、このことを世界中に大声で伝えたいと思った。

今ここを読んでいるあなた。あなたが男性なのか女性なのか私は知らないし、何歳なのかもわからない。幸せの中にいる人なのか、不幸のどん底にいる人なのか、まあまあの人生を歩んでいる人なのか、まったく想像ができない。


だが、そんなあなたに私は真剣に伝えたい。

今、あなたのそばにいる人を大切にしてほしいと。

今、あなたが「当たり前」と粗末にしていることを、とても貴重なものなのだと考え直してほしいと。

あなたの周りにあるものすべてが、奇跡の産物なのだ。あなたが「つまらない」「これじゃ足りない」と軽く見ていることが、大いなる恵みなのだ。

大切なものや人を失って嘆き悲しむ前に、そのことに気づいてもらいたい。

悲しみに胸が張り裂ける思いをするのは、私だけで十分なのだ。

我慢をすることも大切

最近は学校でも会社でも「皆勤賞」というものを出さないらしい。どんどん廃止されていると聞く。風邪で微熱があっても無理して出かけるというのは、昔は美談だったが今では罪悪という考え方になっているらしい。

しかし、こういう風潮は日本人をダメにする一因なのではないか。無理をするのはよくない、我慢は美徳ではないという世間の流れが、日本人のいいところをどんどん否定していくような気がする。昔は当たり前だったことが今は当たり前でない。それが世の中の変化だと言えばそれまでだが、その変化はもしかすると退化なのかもしれない。私は少なくても皆勤賞はなくすべきではないと思っている。モチベーションのアップにつながるからだ。

だからと言って、健康を害してまで無理をする必要はない。自分自身でこれは我慢できる範囲のことなのかどうかを考え、自己の責任において判断すればよい。問題は、低きに流れる考え方で、とにかく無理をしない、無難に進めるということを安易に選択し、そのことを疑問に感じないという生き方なのだ。

高麗小学校のエリアには小さな看板がある。「子供を守る家」というものだ。そういう看板を出して意識しないと、他人の子供に目を向けないという現代の風潮が残念だ。昔は家の前を歩いている子供たちを、他人である近所の大人たちが叱ったり褒めたりしたものだ。わざわざ「子供を守る」と宣言しなくても、みんなが自発的に地域で子供を守っていく、そういう地域にしていくべきだ。

とにかく現代は他人の子供を褒めたり叱ったりすることをしない。へたなことをすると、誘拐と間違われたり、変な人だと通報されたりする。それが怖くて敢えて接触しないようにする。こうして世の中が冷たくなっていく。

保育園バスに子供を取り残し、亡くなってしまうという事件があったが、あの原因は保育園が子供を叱れないようになっているからではないか。おそらくすべての保育園、幼稚園の経営者は、熱意と情熱を持って開園したはずだ。それがどこかでその熱意と情熱を消されてしまい、おざなりの対応で毎日を過ごすようになったのではないか。そうさせたのは、自分の子供は絶対に悪くないと思い込んでいる親たちだろう。あの事件は表面的なことを追うだけでは真相はわからない。掘り下げた原因究明をしないから、何度も同じことが起きる。あの事件は日本全国に普遍的に存在する問題を、警告として私たちに突きつけているのだ。

日本からいつの間にか、地域で子供を育てたり、地域で治安を維持するという風潮がなくなった。かつては「向こう三軒両隣」という言葉があり、近所付き合いは親戚よりも密な関係を生んでいた。それが失われるのと並行して、日本が日本らしくなってきている。

昔話に疑問を持つ

私はへそが曲がっているのか、いわゆる昔話に矛盾を感じていた。たとえば「ウサギとカメ」。自分の能力を過信し、自分より劣る者を見下して油断したウサギに対して、力は劣っていてもコツコツ努力をするカメを推奨する物語だが、本当にそれだけか。

ビジネス書などには、「ウサギはカメを見ていたが、カメはゴールを見ていた」と書かれている。正しく目標を見定めた者が勝利を得るという話だ。確かにウサギはカメに勝つことを目標にしていたが、カメはウサギに勝つことではなく、ゴールすること、すなわち自分に勝つことを目標にしていた。その結果、敵失で勝利を得たわけだが、そういうことは現実の世界ではよくある。

しかし私は思うのだ。なぜカメは昼寝をしていたウサギの横を通り過ぎる時に、声をかけてあげなかったのかと。自分だけが勝てばいいのか。眠りこけているウサギの姿を見た時、カメは「しめた！」と思ったに違いないのだ。そう思ったカメの心は、果たして澄み切っていたのか。「バカめ、油断しやがって。この勝負、いただき」と思う心は、「お前なんかに負けるはずがない」とおごり高ぶったウサギの心と大差ないのではないか。

大きい葛籠《つづら》を選んだおじいさんがひどい目に遭う「舌切り雀」もそうだ。糊を舐めた雀の舌を切るというのはひどい話だが、その仕返しをするなら、葛籠の大小に罠を仕掛けるというのは、ちょっと子供向きの話としてはお粗末だ。優しいおじいさんが大きいほうを選び、いじわるじいさんが小さいほうを選んだらどうするのか。心根の曲がった人が必ず大きいほうを選ぶという法則はないはずだ。

玉手箱を開けてしまい、たちまち老人になって寿命が尽きてしまう浦島太郎の話もそうだ。絶世の美女である乙姫様がお土産でくれた箱は、いくら口で「開けるな」と言われていても、開けたくなるのが人情だ。ということは、玉手箱はある種の罠であるということになる。カメの命を助けたお礼としては、あまりに理不尽ではないか。

鬼退治に出かけた桃太郎に至っては、ウクライナに攻め込んだロシアとまったく同じである。単純な子供なら鬼は悪者と信じ込んでいるかもしれないが、逆の立場になって考えることができれば、平和に暮らしている鬼ヶ島に宣戦布告なしに攻め込み、住民を惨殺した挙げ句に宝の山を略奪した桃太郎がヒーローであるわけはない。ＮＡＴＯが鬼に武器弾薬を援助したら、桃太郎は持久戦に持ち込まれ、大いに苦戦したはずだ。

親の敵討ちである「さるかに合戦」は、見方によっては子蟹の怨恨殺人ととらえることもできる。だいたいにおいて、昔話における「正義」は、一方的でワンパターンだ。本当にその見方は正しいのかという視点が抜け落ちている。そういう話だけで育った子供は、簡単に詐欺に引っかかる大人になってしまうかもしれない。

正直じいさんが殿様からご褒美をもらい、意地悪じいさんが牢屋に入れられる「花咲か爺」も、疑問を持たずに話を追えば溜飲が下がるが、意地悪じいさんが本当に悪い人なのかはあの話だけではわからない。ゴミを掘らされたからとポチを殴り殺したのはいただけないが、よくよく調べたらポチに噛まれそうになったための正当防衛だったかもしれない。筆力のある小説家がその気になれば、まったく反対のストーリーに仕立てることもできるだろう。実際、芥川龍之介は「さるかに合戦」や「桃太郎」を裏返した作品を残している。

毛利家の三本の矢

戦国武将の毛利元就は、権謀術数に長けた人だったという。自分よりはるかに強大だったライバルたちをあの手この手で切り崩し、ついには中国地方全域を支配する大大名になった。その元就が三人の息子（毛利隆元、吉川元春、小早川隆景）に所領を託すにあたり伝えたといわれるのが、有名な「三本の矢」の逸話である。

一本の矢はたやすく折れるが、三本束ねた矢は強力の持ち主でも折ることができない。だから三人が息を合わせることで、どんな敵がやってきても撃退することができるというものだ。そしてその通り、徳川の世になって所領は削られたが、毛利家は明治維新まで続いたのである。

実際には元就が三人の息子を呼び寄せて三本の矢を示したという事実はないといわれている。元就が亡くなるより八年前に隆元は亡くなっているし、吉川元春は戦闘に明け暮れていたからだ。三本の矢の故事は、江戸時代に編纂された『前橋旧聞文書』が元ネタだが、そこには隆元、元春、隆景ではなく、他の子供たちを前にして元就が三本の矢を示したと書かれている。

それが三人の息子に対する教えとして伝わったのは、元就が三人にあてて書いた有名な手紙が残っているからだ。それは「三子教訓状」と呼ばれるもので、現在も毛利博物館に所蔵されている。内容は全十四条におよび、巻紙の長さは三メートルもある。三人が一致団結しないと、毛利家は滅ぶというものだ。

その手紙と前橋旧聞文書が合体して、三本の矢の故事になったとされるが、私はこれを現代のビジネスに当てはめて考えている。

たとえば一代にして立派な会社を築き上げた創業者がいて、その人に三人の息子がいたとする。よくあるケースでは、長男が社長を継ぎ、次男が副社長、三男が専務というパターンだろう。だがそれは「三本の矢」ではない。

元就の思想を忠実に守るなら、会社をホールディングス制にして、長男はホールディングスの社長、次男はA会社の社長、三男はB会社の社長というように、三人とも社長にするのが正しい。実際に隆元も元春も隆景も、みな大名であった。子供たちが対等の立場であったからこそ、それぞれを一本の矢に例えることができるわけで、社長・副社長・専務では単なる上下関係でしかない。

企業には生々流転がある。今は盛りであっても、それがいつまで続くかわからない。だからこそ、事業を分けてリスクを分散するのが企業永続のコツである。元就の三本の矢は、事業継承や企業永続のための教訓といえるのだ。

目標には期限を決めよう

ワタミの渡邉美樹さんは「夢に日付を」という話をよくしているそうだが、彼がまだ学生だった時代に、私は飯能青年会議所（飯能ＪＣ）で「自分への約束手形」というものを作っていた。普通の約束手形は支払い日に額面の金額を支払うという約束だが、ＪＣのそれは「期日までに自分で決めたことを達成するという約束だ。

ご存じの方も多いと思うが、青年会議所はそれなりの企業の後継者が数多くいる。だから約束を達成できないと、彼らに対して恥をかいてしまう。それなりにプレッシャーがかかる企画なのだ。私はそれに何を約束したのか忘れてしまったが、これから何かを成し遂げようと考えている人は、それをいつ達成するのかをはっきりと決めて、公言したほうがいい。要するに退路を断って自分を追い込むのだ。

同様の効果を狙った商品に「百年カレンダー」というものがある。私はそれも持っていた。百年間の日付がひと月をひとかたまりにしてずらっと並んでいる。そして、下の欄に自分で決めた目標を記入するのだ。「年商一億円」でも「支店五軒」でも何でもいい。大切なことは目標を定めることであり、いつまでにそれを達成するかだ。

百年カレンダーはあまりに細かすぎてやめてしまったが、お正月に一年間の予定を立てるという行動は、毎年やっている。以前は仕事と家庭など個人の予定を記入して、みんなにも勧めていたのだが、あるとき特養の施設長に「これは問題ですね」と言われた。個人の予定をみんなが見るところに貼り出すのは、プライバシーの問題があるというのだ。会社の目標、家庭の目標、個人の目標をそれぞれ色を変えて記入するのはいい方法だと思っていたのだが、思わぬところから横やりが入ってしまった。

だんだん、当たり前のことが当たり前にできなくなっていく世の中になっているのだなと感じた。これからのトップは、昔のような独裁的なリーダーシップが発揮できなくなる。プライバシーやコンプライアンスといった規制が増えすぎているからだ。おかしな世の中だと私は思うが、世の中がそういう流れなら仕方がない。それに合わせて目標の決め方、発表の仕方を考えればいいだけだ。

建設会社のファイルを見たことがありますか？

建設会社の本棚というかファイルが並んでいる棚を見たことがある人はどのくらいいるだろうか。私も昔は建設業だったから、かつては案件のファイルをしっかり作っていた。どんなファイルかというと、商談の記録、顧客の要求項目、見積もり、土地の測量図、建物の設計図、細かい仕様に施工業者と施工価格、工事予定と実際の進捗、完成引き渡し後のクレーム箇所とその対処、リフォームの記録といったものが分厚いファイルケースに閉じられているものだ。

それさえ見れば、自分がまったく関与していない工事でも、どこがどうなっているのかがすぐにわかる。問題が起きても、それを施工したのがどこの誰だかが一目瞭然だ。特に重要なのは、引き渡してから何年、何十年も経ってから、増改築やリフォーム、点検修理などが発生したときだ。このファイルがきちんと作られ、維持管理されていれば、スムーズに顧客の要望に応えられる。

だが、他の仕事でこのような記録をきちんとつけているところはどのくらいあるのだろう。病院にはカルテが完備されているはずだが、ドクターがミミズののたくったような字で記入していると、看護師や他の医師には判読できない。厚労省は電子カルテ化を推進しているというが、果たしていつになったら実現するのやら。

その他の仕事ではどうだろう。ひとつの案件が完了して商品を納め、代金を回収したらすっかり忘れてしまうことも多いのではないか。それだと、担当者が退社したりした仕事を誰かが引き継ぐような場合、ゼロから始めなければならない。時間と手間のムダだし、何のために組織で仕事をしているのかが問われかねない。どんな仕事でも、建設会社のようにきちんとしたファイルを作るべきなのではないだろうか。それが自分たちのためにもなり、お客さんのためにもなる。

さらにその応用として、「人生のファイル」を作ってみてはどうだろう。出会った人ごとにファイルを一冊作ってもいいし、何かのテーマごとに作ってもいいだろう。とにかく自分の人生のファイルをたくさん作るのだ。私などは、人との出会いのファイルを作ろうと思っている。パソコンで作り、バックアップ用に紙で出力しておけば安心だ。

それがあれば、心臓発作や脳の疾患で急に人事不省になったとしても、家族が交友関係などをたどれる。だいたい六十歳を過ぎると記憶力がどんどん劣化するのだから、脳細胞を当てにせず、外部記憶に頼るべきなのだ。

「運のいい人」とだけ付き合う

松下幸之助さんは運のいい人を好んで採用したという。学校の成績が良かった人、何かに秀でた人を評価するというのはよく聞くが、運の良さを指標にするというのはなかなかユニークだ。

では私が創成期の松下電器を受けたとしたら、採用されただろうか。そもそも私は、自分が運のいい人間なのか、運の悪い人間なのかがよくわからない。マイナスの面ばかりを見れば、父が半身不随の怪我をして行きたい大学に行けなかったし、その前には高校受験の時に盲腸炎になって志望校に行けなかった。

大学では武蔵野銀行に推薦が決まっていたが、それを蹴って材木商の門を叩いた。建設会社を作ったが、二度も不渡りを食らって夜逃げ寸前になった。議員を目指して市議、県議と経験したが、最後に市長選で落選した。仕事はいろいろ手を広げたが、家内が五十九歳で亡くなってしまった。そのショックで、私もパーキンソン病を発症し、不自由な生活を余儀なくされている。これは運のいい人といえるだろうか。

ただ、不渡りから立ち直ってからは、金に困ったことはない。仕事も「思い通り」とまでは言えないが、それなりに拡大を続けている。藤和ホームには、この春から息子が入って手伝うようになった。

プラスの面を見れば、きっと私は運がいいのだろう。死んでいてもおかしくない交通事故から生還したし、不渡りからも立ち直ることができた。コロナ禍でいろいろと大変だが、事業はみな続いている。パーキンソン病で足が痛く、走ることこそできないが、車いすや杖の世話にはならずになんとか生きている。

そう考えてみると、「運のいい人と付き合う」という松下幸之助流は、言い換えれば「元気な人からエネルギーをもらう」ということなのだろう。人生は山あり谷ありだが、谷を乗り越えて山を謳歌するには、とにかく前向きで元気でなければダメだ。だから、そういう人をまわりに集めれば、自分も暗くなることなく生きていけるはずである。虫だって、明るいところに集まり、暗いところには寄ってこない。幸せに生きたいと思ったら、まず運のいい人を集めることだ。

いろいろな経験を人より早くする

振り返ってみると私の人生の特徴は、「人よりも早くいろいろな経験を積んだ」ということに尽きる気がする。それも自分で選んだというより、選ばされたという感じなのだ。

まず父の事故により、父がやっていた自治会の仕事を高校生の時分からやることになった。年寄りに交じって草刈りや枝打ちをするのは、正直言って楽しくはなかったが、今になってみるとそれが自分のためになっている。年寄りが多い団体で何かをするときに、どんなところが大変なのかが十代のころからわかっていたのだ。

大学時代もいろいろなアルバイトで世の中を見てきた。夜逃げ屋などという法律スレスレの仕事を経験したことで、会社を潰すとはどんなことかが身に染みてわかった。調子に乗ってどんなことをすると会社が危うくなるかもわかった。

それらの経験があったから、二十五歳で独立することができたのだと思う。若い人の気持ちも年寄りも気持ちもわかり、田舎のことも都会のこともわかる二十代というのは、なかなかいないものだ。

また、政治家人生は市長選で敗退して終わったが、五十三歳のときの選挙で落ちなければ、たぶん私は福祉の仕事をやっていない。市長になって福祉のことに力を入れていたはずだ。選挙に落ちるのはつらいことだが、落ちたことで社会福祉法人が作れたと思うと、すべてやってきたことがムダになっていない。挫折すらも自分の宝になっているのだ。

そういう意味では、家内の死も何かのきっかけになるのかもしれない。今はまだ一周忌が済んだばかりで、とても前向きにはなれないが、もしかすると三回忌、七回忌と過ぎるころにはまた何か新しいことを始めているかもしれない。早く、そんな自分にワクワクしたいものだ。

苦難に勝つにはリハビリあるのみ

みなさんは「PT」「OT」「ST」という言葉をご存じだろうか。それぞれ、「理学療法士」「作業療法士」「言語聴覚士」の略称で、リハビリに必要な訓練をしてくれる専門家のことだ。

理学療法士（PT）は、主に身体に障がいを持つ人に対して、寝返る・起きる・立つ・座る・歩くなどの基本的な能力の回復や改善を目標とした動作訓練などを行う。障がいを持った人のために補装具の作成や車椅子の調整などもする。自宅での生活が快適になるように、住宅改修のアドバイスをするのも仕事だ。

作業療法士（OT）は、病気や事故で身体に障がいを負った人に対して、生活していくための問題を評価し、いろいろな活動で治療を行う。障がいがあっても残された能力を最大限に活用し、生活のための動作や家事の動作、仕事への復帰を目指した訓練を行う。

言語聴覚士（ST）は、聞く・読む・話す・書くなどコミュニケーションに障がいのある人や、食物の嚥下《えんげ》が難しい人に対して、評価・訓練・援助を行うほか、家族や周囲の人への助言・援助を行う。

私は父のリハビリを通じて、これらの人たちの存在を知った。そして、父の超人的な努力を見て、苦難に勝つにはリハビリあるのみだということを悟った。何らかの障がいを負った場合、それを克服して自分の意思で生きるには、近道はない。これらのプロの協力を得ながら、ひたすら自分の怠け心と戦い、目標を達成するのみなのである。

とにかく私の父は、医者から「あと数年の命」と宣告された状態から、母の助けを借りて温泉リハビリに集中し、最後は少し改造した自動車を自由に運転できるほどになったのだ。そんな父を間近で見ていたのだから、私がパーキンソン病で多少体が不自由になったくらいで音を上げるわけにはいかない。

障がいで体が不自由になっても、リハビリである程度カバーできる。それは故障した体を治すのではなく、別な神経や筋肉を鍛えて補うというやり方だ。適切なリハビリによって神経や細胞が目覚め、ダメになった部分を迂回して動けるようにする。当然のことながらそれは平坦な道のりではない。だが、諦めたら終わりである。諦めないでコツコツとやれば、少しずつだが体は再生していく。それは、事業で致命的な苦難に遭った人が、別の事業で会社を再生させていくのに似ている。

私は何事も原点に立つことが必要だと思っている。原点に立たなければ見えない未来があると信じているからだ。困ったら原点に立ち戻る。原点に答えがあると感じることで困難が打開できる。

だいたい、いいときには原点が見えないものだ。調子が悪くなって困ったときにスタートラインに戻ればいい。だが、人はなかなか原点に戻ることができないものだ。プライドや自信が邪魔をするからだ。だが、私は困難に直面するたびに、原点に戻ることを繰り返してきた。原点に返れば必ず何か答えがある。そのことをみなさんも強く感じてもらいたい。次のステップに向かうための準備が原点なのだが、自分が前に進むごとに、原点のレベルはどんどん高くなっていく。

困ったときこそ「あわてず、あせらず、あきらめず」である。人は往々にしてあわてる。あせる。あきらめてしまう。だから、苦難に直面したときこそ、「こつこつやる人が人生を勝つ」という言葉を思い出し、落ち着いて原点に戻ってみるのだ。それが苦難に対する対処の仕方だと私は思う。

なぜ左足ブレーキを推進しないのか

父は下半身不随だったが、リハビリの結果、車が運転できるようになった。とはいっても、オートマチック車限定で、しかもアクセルペダルとブレーキペダルを少し改造して、単純な動きしかできない足でも運転ができるようにしてあった。

父の足はペダルを押す方向にしか力が入らない。だから右足はアクセル専門、左足はブレーキ専門だ。こうすることで、父は自由にどこへでも出かけて行くことができた。

それを見ていたから思うのだが、今の日本の乗用車はほとんどすべてがオートマチック車である。ならば誰もが父のように右足アクセル、左足ブレーキにすればいいのではないか。それなら、よく見聞きする「ペダルの踏み間違い」による悲惨な事故は皆無になるはずだ。

ペダルの踏み間違いによる事故が大事故になるのは、運転している本人が踏み間違えているということに気づかず、暴走する車を止めようとして、さらにアクセルを踏み込んでしまうからだ。だから事故を起こした直後の運転者は呆然としてしまう。どうして事故を起こしてしまったのかが理解できないのだ。

実は、左足ブレーキでオートマチック車を運転している人は、想像以上に存在する。レーシングドライバーや自動車評論家はたいてい左足ブレーキで、誰よりも速く車を走らせている。渋滞時の合流などでも、左右の足を小刻みに使うことで、実に器用に操縦している。

左足ブレーキに反対する人は、マニュアル車に乗ったときに間違えそうで危険だという。しかし、今の日本でどこにマニュアル車があるのか。軽トラックでも最近はオートマチック車が増えている。乗用車しか乗らない人なら、スポーツカー以外でマニュアル車にお目にかかる機会などないはずだ。

そして、決定的な証拠をお目にかけよう。マニュアル車のブレーキペダルと、オートマチック車のブレーキペダルを見比べてみるのだ。オートマチック車のブレーキペダルはマニュアル車のそれよりも横幅が広い。一・五倍から二倍はある。なぜか。左足でも踏めるようにメーカーが設計しているからだ。日本の狭量な教習所では教えないが、欧米では左足ブレーキの人が結構いるのだ。

最後に、左足ブレーキを警察やお役所が推進しない理由を考えてみよう。それは、お金儲けにならないからだ。その施策を実現するために、新しい装置を導入するとか、新しい資格を作るとかであれば、お金が動いて、もしかすると天下り団体が作れる。だが、今ある車のブレーキを踏む足を替えるだけでは、誰も儲からない。だから役所も動かない。そういうことなのだ。

もちろん、いきなり道路上での左足ブレーキを始めるのはお勧めしない。まずは他に迷惑のかからない広い空き地などで、納得のいくまで練習をするべきだ。都会ではなかなかそういう場所が見つけにくいが、早朝・深夜の駐車場はいいかもしれない。田舎なら、いくらでもそういう場所が見つけられるはずだ。

経営者は何でもできるほうがいい

最近の若者は何でもスマホやパッドで片づけるクセがついていて、中にはパソコンができない人もいるようだ。私より上の年代に人になるとパソコンもスマホもダメで、いまだにガラケーを使っている人がちらほら見受けられる。

やりたくない人に無理に勧めようとは思わないが、私は少なくとも経営者であれば、何でもできるようになっていたほうがいいと考えている。たとえ人任せにするにせよ、自分でもできるようになっていれば、手抜きやごまかしがすぐに見抜けるからだ。

それに、便利な道具を使えば、いろいろなコストを下げることができる。

たとえば私は、ちょっとした名刺は自分で作ってしまう。数十枚あればいいのなら、パソコンで作ってプリンターに名刺用紙を入れて印刷すればいい。これなら何十分かで名刺が用意できる。新たに採用した人に持たせる名刺は、印刷発注したものが届くまではそれで間に合う。

数多く作る場合は、ネットの印刷屋に発注すれば激安だ。納期を十分に長く取れば、びっくりするくらい安くなる。私はこれまで、チラシや会報などもそうやって作ってきた。だから何でも人任せにして言われるままの料金を払っている人を見るとイライラする。少なくともスタートアップの状態では、可能な限り経費を減らす努力をするべきではないのか。

私がいつごろパソコンのスキルを身につけたかというと、正確にはパソコン以前のワープロ専用機時代のことになる。当時、仕事でリコーの表計算つきワープロを使っていた。年配の人に「ワープロ専用機」と言うと、「ああ、そういうのが一世を風靡していたね」と同意してもらえると思う。

パソコンが、というよりインターネットが世に広まる前は、日本語ワープロ専用機というものがオフィスの花形だったのだ。のちにプリンターを内蔵したタイプライター型が流行したが、私が最初に使っていた機械は、今のデスクトップパソコンよりも大きなものだった。

なぜそんなものが流行したのかというと、当時のパソコンではまだ漢字を表示することが難しく、表示できたとしてもドットの粗が目立つ、ビジネスでは使い物にならない品質

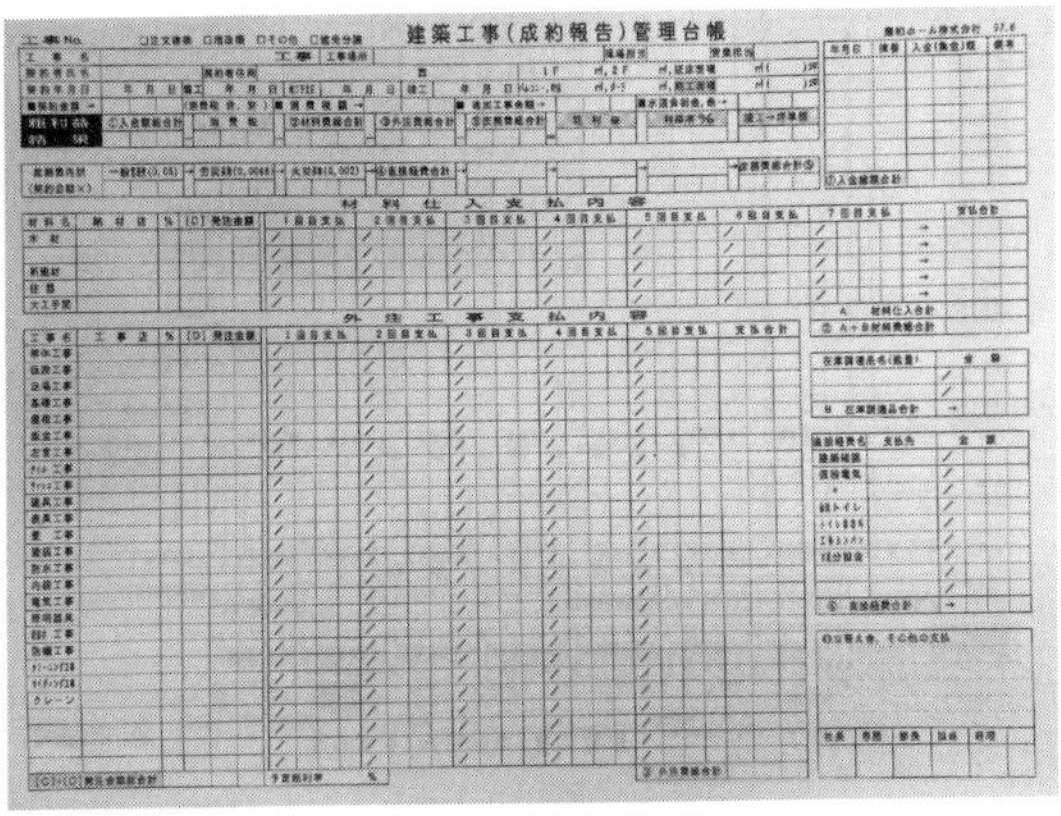
建築工事（成約報告）管理台帳

ワープロ専用機で作った管理台帳

だった。そこでＣＰＵの性能をすべて日本語文書作成に振り向けたワープロ専用機が登場した。当初は巨大で高価だったが、技術の進歩とともにコンパクトに、廉価になった。

そして性能に余裕ができると、差別化のために文書作成以外の能力も搭載するようになった。その最初が表計算機能で、美しい文字表示で給与計算や住所録作成ができた。そのころのパソコンはまだカタカナかアルファベット表示だった。

私はその機能をマスターして、仕事にどんどん使った。工事台帳もその機械で作っていた。原価を入力して利益率をはじき出したりしていたものだ。付属の無料ソフトで給料計算もやっていたので、外部にお金を払うことはなかった。

やがてパソコンの時代になり、私は分厚いノートパソコンに仕事を引き継がせた。今でも住所録は桐というソフトを使っているが、慣れているのでエクセルより便利だ。

他の経営者と話をすると、創業者は何でも自分でやるという傾向があるようだ。何でも人任せにする人は、自分でやる人には勝てない。私から見ると、今の人は何でも他人に頼みすぎだと思う。

「家訓」は自分への反省

あるとき、加藤家の家訓を作った。自分が失敗してきたことを「べからず集」としてまとめておき、子孫がつまずかないようにと考えたのだ。列記してみよう。

○お金は貸すな、くれてやれ

事業に余裕ができると、友人・知人や親戚から借金を申し込まれることがある。私もずいぶん貸してきた。ちゃんと返してくれた人もいるが、返済が滞り、そのまま音信不通になってしまった人もいる。

お金を貸して残念なのは、それが原因で不仲になるケースが多いことだ。貸した瞬間は拝んでくるが、やがてその恩は忘れられる。そして、まるでこちらが悪いように避けられたりする。

だからお金を貸してはいけない。相手に対して貸さないことが親切なのだと思うことだ。「いいよ」と言うのは簡単だが、断る勇気を持つべきだ。

そもそも、事業をやっている人間が金融機関から借りられない時点で、もう終わっている。そんな状態で中途半端な金額を貸しても、戻ってくるはずがない。それが身に染みるまで、私はずいぶん授業料を払った。

そして今では、貸さずに商品代金として決済することにしている。土地、物品など何でもいいが、相手が持っている金目のものを買い取るのである。担保に取るのではない。その時、忘れずに所有権移転登記をする。仮登記や抵当権設定には応じない。こうすれば、貸し倒れのリスクはなくなる。相手は喉から手が出るほど現金が欲しいのであるから、それに応じてあげて、こちらはものを受け取るのだ。

それができない相手には借金の申し込みを断って帰ってもらうべきだが、気の毒に思うのであれば、自分に可能な範囲で返さなくていい金額を渡せばいい。それでこちらは気が済むし、相手も怒りはしないだろう。

逆の立場の家訓としては、金融機関から借りられなくなったら、即刻破産手続きをするべきだ。逆境にあっては、ついずるずると決断を先延ばしにしがちなものだが、決断が延びれば延びるほど、傷は深くなる。「やめる」という判断は早ければ早いほどいい。

○株はいいが相場はやるな

これも私の苦い経験から得た教訓である。世の中、儲けようとするから損をする。素人はハイリスク・ハイリターンに手を出してはいけない。その世界のプロたちが手ぐすねを引いてカモを待ち構えているのだ。だから商品先物には絶対に手を出してはいけない。

株は現物投資に限ってはＯＫだ。私たちは資本主義社会に生きているのだから、投機でない株式投資は大いにやるべきだと思う。ただし、信用取引は商品先物と同じハイリスクに属するので、厳禁とする。

○賭け事、深酒、女はやるな

これは学生時代の夜逃げ屋のアルバイトで得た教訓だ。夜逃げに至った経営者のほとんどが、飲む打つ買うにハマって身を持ち崩していた。人は好調の波に乗ると天狗になりがちである。その好調は自分の才能がもたらしたものであり、いつまでもその好調が続くものだと思い込んでしまう。そして罠にハマるのだ。

○変化は常道

いいことは続き、悪いことは起こらないと思っているから油断し、備えがおろそかになる。万物は流転し、おごれるものは必ず滅ぶ。どんなに優れた成功法則も、いつかは世の中に通用しなくなる。それを忘れた瞬間に滅びが始まる。

○世のため人のため、そして自分の利益となることをする

二宮尊徳は「たらいの水」という話を残している。たらいの水を自分のほうにかきよせ

ると、水は回って逃げてしまう。相手のほうに押しやると、くるっと回って自分に返ってくる。お金や利益も同じだというのである。

利他という言葉がある。古来、賢人や優れた経営者が好んで口にした言葉だ。相手を利する行動をとれば、それがやがて自分の益になるというのである。

○お金がなくても健康第一

特に家内を亡くした今は、それを強く感じる。年に一度の健康診断や、市町村が実施している安価なガン検診は、必ず受けることだ。何も病気が潜んでいないという人はない。そうやって定期的に健康チェックをしていれば、いろいろな不調が早期発見できる。また、自分の体に注意を払うクセをつけておけば、何か気になることがあっても、健康に掛けるお金を惜しまず使えるだろう。

健康にかけるお金は病気の予防である。できたらＰＥＴ検診も年に一回は受けたい。ガンマーカーの血液検査や尿の検査もしておくと安心だ。

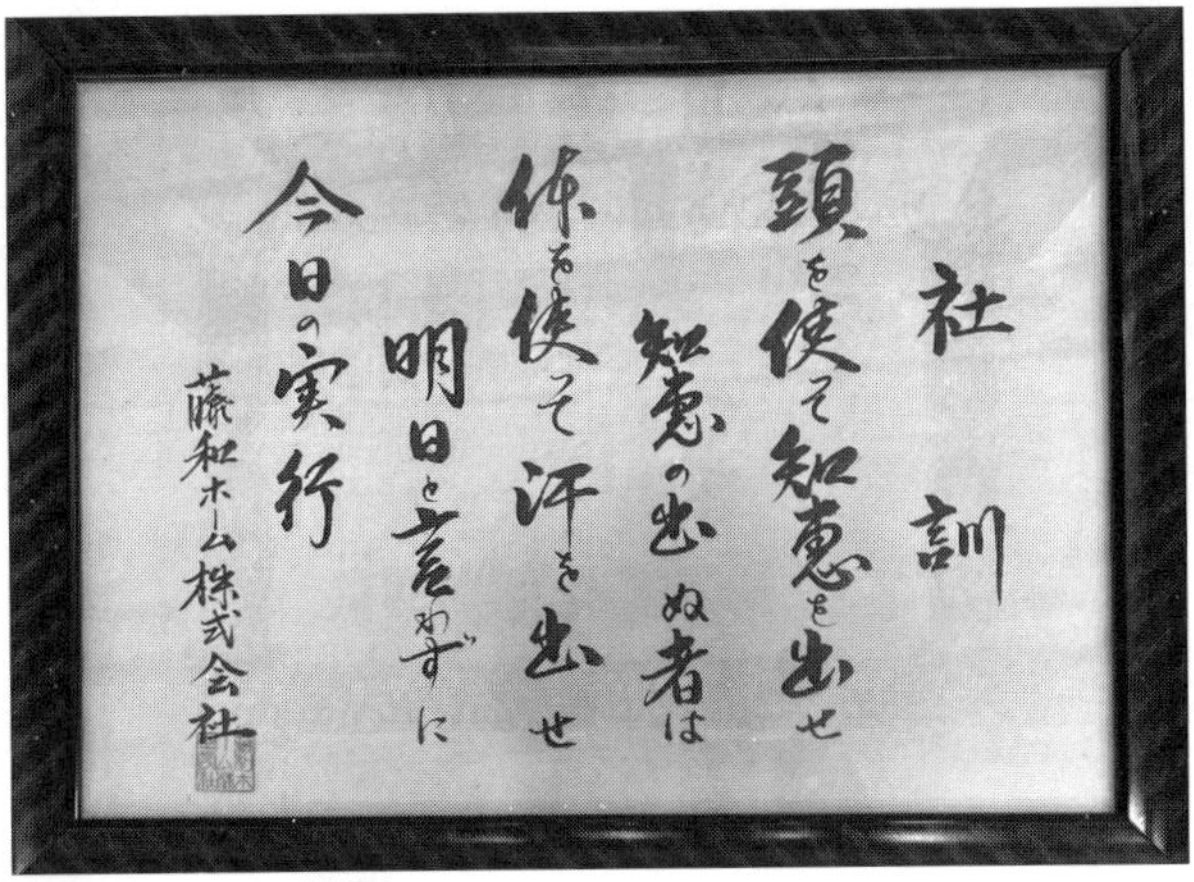

藤和ホームの社訓

○何のために働くかを考えよ

働くことの究極の目的はお金ではない。自分が何のために働いているのかをきちんと認識しておけば、金の亡者にならずにすむ。私は愛する人が喜ぶ顔が見たくて働いていたが、そのことを自分で認識したのは、家内が亡くなる直前だった。もっともっと前に、そのことに気づいていればよかったと、今でも後悔している。

○藤和ホームの社訓

こちらは家訓ではないが、藤和ホームの社訓として制定し、母に筆で書いてもらったものが、今もオフィスに掲げられているので紹介したい。

頭を使って知恵を出せ
知恵の出ぬ者は体を使って汗を出せ
明日と言わずに今日の実行

実は最後の言葉は、掲げるにあたって変更を加えている。

もともとは「知恵も汗も出さぬ者は黙って静かに去れ」だったのだが、表現がきつすぎるとのことでマイルドにしたのだ。確かに、今の時代にこの表現のままだったら、どこからかクレームが来たかも知れない。

意外と知られていない老人介護施設のいろいろ

福祉の仕事をしていると、世の中の人が意外に老人介護のことを知らないことに驚く。特に大昔は「養老院」と呼ばれ、今は「老人ホーム」と呼ばれることが多い老人介護施設について、その八種類の違いをきちんと理解している人にはほとんどお目にかかることがない。いつかは自分の親が、また自分自身が世話になる可能性の高い場所なのだから、ちゃんと理解しておいたほうが得なことが多いはずだ。簡単にまとめておく。

〈民間施設〉

・介護付き有料老人ホーム

・住宅型有料老人ホーム

・サービス付き高齢者向け住宅

・グループホーム

〈公的施設〉

・ケアハウス

・特別養護老人ホーム

・介護老人保健施設

・介護医療院

・介護付き有料老人ホーム

介護付き有料老人ホームは、本格的な介護や生活支援にはじまり、広範なサービスを入居者の状態に合わせて提供する施設で、介護専用型（要介護のみ利用可）、混合型（自立、

四季の郷飯能

要介護のどちらも利用可）、自立型（入居時に自立している人のみ利用可）の三種類がある。最も大きな特徴は、介護保険サービスが定額となっていることで、月々の予算が立てやすいことがメリットである。介護職員が二十四時間常駐していることも安心ポイント。

・住宅型有料老人ホーム

住宅型有料老人ホームは、介護の必要がない自立の人から、ある程度の介護が必要な人まで幅広く入居する施設。生活を充実させるためのイベントやレクリエーションが充実していて、他の入居者とのコミュニケーションで楽しく生活できる「老人ホームらしい」サービスが魅力である。最大の特徴は「自分自身にあった介護サービスを自由に選択できる」こと。

・サービス付き高齢者向け住宅

サービス付き高齢者向け住宅（サ高住）は、介護施設ではなく、あくまで住宅として扱われる老人向けの住まいのことだが、一般には老人ホームの一種とみなされている。外出や外泊できるところが多く、のんびりと老後を暮らしたい人に向いている。自由度の高い生活を送れる点にメリットがあるが、介護サービスは近隣の介護事業者によるものとなり、受けた介護サービスによる従量課金である。

・グループホーム

グループホームは、認知症の人が五人から九人程度の少人数でユニットを作り、専門職員からサポートを受けながら共同生活をする施設である。洗濯や料理などの役割を入居者それぞれができること、できないことに応じて分担して暮らす。自分ができることを人任せにしないことで認知症の進行を抑えながら専門職員のケアを受ける。施設のある市町村に住民票を持っている人のみが入居対象。

・ケアハウス

ケアハウスは経済的な負担が比較的小さいといわれる「軽費老人ホーム」の一つで、一般型と介護型があり、一般型では家事などの生活支援サービスが提供される。介護型は生活支援サービスに加えて介護サービスが利用可能となる。入居対象者が六十歳以上と幅広いために待機者が多く、入居までには一定の期間が必要。

・特別養護老人ホーム

四季の郷越生

特別養護老人ホームは、社会福祉法人が運営する、要介護三以上の認定を受けている人が対象の施設で、要介護度一～二の場合は自治体の特別な許可が必要となる。介護保険により低価格でサービスを受けることができ、看取りまで対応可能なため人気の施設。そのため待機者が多く、なかなか入居できないこともある。

・介護老人保健施設

介護老人保健施設（老健）は、退院後すぐに在宅生活に復帰できない高齢者が、数か月程度滞在することを目的とした施設。リハビリの必要な人に適している。あくまでも在宅復帰を目指した施設であるため、他の介護施設に比べて入所期間が短いことが特徴。リハビリの専門職である理学療法士や作業療法士などが常勤しており、質の高いリハビリが受けられる。

・介護医療院

介護医療院は二〇一八年四月に創設された施設で、入居者数に応じた医師の配置が義務づけられている。特に医療ニーズが高い要介護者に対応できる。完全個室ではなく、パーティションなどで分割されている場合も多いため、プライバシーの確保には注意が必要。

新しい時代のコミュニティーとは

いろいろ考えてみると、今の時代に最も必要とされているのは、時代に合った新しい形のコミュニティーではないだろうか。

そう言い出すと、「リモートワークの時代に逆行するのでは」とか「デジタル機器の発達でバーチャルコミュニティーが簡単に成立するから、リアルなコミュニティーは廃れるのでは」といった否定的な意見が聞かれる。

だが、デジタルが普及したのはほんのここ十年ばかりのことで、ちょっと前まではパソコンで会議など大企業などお金のある組織でしか可能ではなかった。スマホはおろか、ショルダーホンだって、登場したのは一九八五年。電電公社が民営化した時だから、まだ四十年経っていない。

それなのに、今の子供たちは公衆電話ボックスを見ると「あれ、なあに？」と尋ねるそうだ。これはもう文化の断絶ではないか。


今年はコロナで中止になっていたいろいろなイベントが次々と復活している。川越祭が三年ぶりに開催されたが、山車の中には五年ぶりのものもあったそうだ。予算の関係で毎年は出せない地区もあるからだ。そうなると、いろいろなノウハウが途絶えてしまう。お祭りを段取りよく開催するには、慣れた人たちの活躍が欠かせないが、何年も休んでいると、それらの継承が危うくなる。

会社の仕事だってそうだ。昔は習うより慣れろで、かなり厳しいオン・ザ・ジョブ・トレーニングでしごかれたものだ。だが今はＩＴのおかげで、先輩が後輩に教わる逆転現象が日常茶飯事になっている。それでは仕事にまつわる精神的な伝統が継承されない。

私は、そうした問題を解決するのがコミュニティーだと思っている。私自身、若いころからいろいろなコミュニティーにお世話になってきた。高麗青年会がその活動の原点で、ここには本当にお世話になった。最近、当時の会場に行ったら、当時の「高麗青年会」という看板がまだ残っていた。見るのは四十年ぶりで、とても懐かしく感じた。

高麗青年会ではクリスマス会やダンスパーティーなどの催しが盛んだった。そこでの男女交流で結婚に至った人も少なくない。私は今でもジルバを踊れるが、それはこのときの練習がものを言っている。

当時日高には三つの青年団があり、それらが連合会を形成していた。その連合会でも私はいろいろなイベントを開催したが、それはとても勉強になった。というより、私の基本的な部分を作り上げたのが、そういった経験だったと思う。

同様に、消防団でも青年会議所でも多くの経験をさせてもらった。日高の消防は広域なので、消防団も百人以上だ。そういうところで何かをしようとすると、組織を束ねる力が求められる。それはいくら本を読んでも学ぶことのできない経験だ。

そのように、私はコミュニティーを通じて、団体生活や組織づくり、組織運営やリーダーシップを体得してきた。市議会議員や県会議員を務めることができたのもその経験があったればこそだし、議会の経験がまた私を育ててくれた。今の私が社会で曲がりなりにも活躍できている素地は、すべてそれらのコミュニティーによって培われたものといえる。

だが、現代はさまざまなコミュニティーが廃れていく一方だ。各地の老人会がどんどん消滅しているし、私の地元では日高文化協会がなくなってしまった。この文化協会は各種の文化団体が集まって作っていたものだから、これがなくなるということは、地域の文化活動の灯が消えてしまうということを意味する。

なぜそんなことになってしまうのかといえば、役員の引き受け手がいないからだ。なんとか存続しているコミュニティーは、多くが高齢の役員が長期にわたって引き受けてくれている。だからその人に何かあれば、たちまち存亡の危機なのだ。

私が見渡したところで言うと、元気なコミュニティーは消防団くらいだ。それもいつまで続くかわからない。若い人がいなくなれば、たちまち維持困難になることは明らかだからだ。

コミュニティーはさまざまな人との出会いの場であり、利害関係ではない人間関係が形成できる。そこで得た仲間は、お互いの悩みを聞いたり、馬鹿話をしたり、日常からは出てこないアイデアを発生させたりする大事な友人になる。そういう人が周りにどれだけいるかで、人生の豊かさが決まるのだ。

心療内科が混雑している

家内が亡くなって落ち込んだとき、優しく私の話を聞いてくれたのは、宗教の勧誘に来た人と心療内科の医師だった。ただひたすら聞いてくれる存在というものがどんなにありがたいものなのか、私はこの時初めて知った。そして、なぜ宗教にのめりこむ人がいるのか、なぜ心療内科があんなに混雑しているのかがわかった。つまり、現代社会にはコミュニティーが不足しているのだ。

悩みを履き出す場所がないと、人は心を病んでしまう。今の時代、心を病んでしまっている人がたくさんいる。食うに困っているわけではないのに、ちゃんと住むところもあるのになぜ心を病んでしまう人が多いのかといえば、その人たちが心を癒やせるコミュニティーに出会えていないということにつきる。

だから人はコミュニティーに所属しなければならないと思う。それも一つではなく複数。それが何の得になるかといった即物的な考えは捨てたほうがいい。目に見える計算式では得られない大きなものがプラスされるのだから。

ＳＮＳがあるじゃないかと思うかもしれないが、リアルではないコミュニティーは所詮代用でしかない。それはリアル会議とリモート会議の両方を経験している人ならわかるはずだ。

それに、ＳＮＳは相手の目を見て話すということができない。リアルに相手の呼吸を感じながら、相手の目を見て話すことは、すごい経験なのだ。それなしには団体行動など仕切ることは不可能だ。

多くの人がコミュニティーの効用を実感し、新しい時代に即したコミュニティーを次々と立ち上げることができれば、日本の社会もまだまだ捨てたものではなくなるだろう。高齢者や障がい者、子供たちのような社会的弱者がうまく混ざることで、これまでになかったような人と人との結びつきが可能になるかもしれない。そういうものをこれから考えてみたい。

経営者として反省していること

私は自分を「成功した経営者」とは思っていない。大きな不渡りをくらって連鎖倒産しそうになり、夜逃げを覚悟したこともあったし、いろいろなことが中途半端だと思っている。特に反省しているのは、多種多様な法人組織を思いつくままに作ってしまった結果、ホールディングス体制に移行することが不可能になってしまったことだ。

なぜそうなってしまったかについて説明するには、現在の藤和グループの概略を知っていただく必要があるだろう。藤和グループは現在、次のような陣容となっている。

・社会福祉法人　藤和会
特別養護老人ホーム「四季の郷上尾」（一〇〇床）
特別養護老人ホーム「四季の郷越生」（一〇〇床）
児童発達支援・放課後等デイサービス「キートス」

・一般社団法人　にこにこ福祉事業団

・一般社団法人　いきいき福祉機構

・藤和ＢＣＳ　事業協同組合
ミャンマー人・ベトナム人技術実習生の受け入れをサポートする監理組合

・山手介護　株式会社
デイサービスセンター「山手なの花館」
デイサービスセンター「山手せせらぎ館」
指定居宅介護支援事務所「山手介護支援館」
福祉用具貸与事業所「介護ショップ山手」
リハビリ＆フィットネス「元気アップ倶楽部飯能」
介護付き有料老人ホーム「四季の郷飯能」（四十五床）

・株式会社　ネクサス
医療、福祉、保育、経営コンサルティング

・特定非営利活動法人（ＮＰＯ）「さいたま福祉ネット四季の郷」
　就労支援施設併設ビュッフェレストラン「スリール四季」
・有限会社　トーマス企画設計
・株式会社　藤増ステンレス工業
　ステンレス製品製造加工
・藤和建設　株式会社
・藤和ホーム　株式会社
　不動産売買、賃貸、仲介

このように、社会福祉法人、一般社団法人、事業協同組合、ＮＰＯ、有限会社、株式会社と、さまざまな法人格が集まっているのが藤和グループなのである。そのために、持株会社のもとでグループ化しようとしても、連結決算がうまくいかないために、それができない。もっと先を見据えた組織づくりをしておくべきだったと嘆いても、文字通り「後の祭り」なのである。

習慣と行動

若い頃に教わった言葉に、こういうものがあった。

「心構えを変えれば、行動が変わる。
行動が変われば、習慣が変わる。
習慣が変われば、人格が変わる。
人格が変われば、人生が変わる」

人間の一日の活動のうちで、行動すなわち意識して動いているのは約一割に過ぎず、残りの九割は習慣すなわち無意識の活動であるという。ふだんの生活がだらしない人は、それを注意されても「肝心なときにちゃんとすればいいんだろう」と反論するが、九割がだらしない人が、いくら一割だけちゃんとしても、周りの人の評価は得られない。

だから習慣が大事だということで、良い習慣を身につけている人は良い人格の持ち主となり、良い人生を送ることができるということだ。

この言葉を本書に収録するために調べてみたところ、この言葉はアメリカの哲学者・心理学者であるウィリアム・ジェームズが残したものだそうだ。彼の言葉にはほかに、「今世紀における最大の発見は、人間は心構えを変えることによって、その人生を変えることができる」ということである」というものも知られている。

経験こそ宝物

私は二十五歳で独立してから四十年近く、いろいろなことをしてきた。市議、県議として政治の世界も経験したし、材木商、建設、不動産、医療、介護・福祉といった業界でもそれなりに活躍させてもらった。おかげで現在、グループ全体での従業員数は三百人ほどになった。その間には夜逃げ寸前にまで追い詰められたこともあった

そんな自分の人生を振り返って思うのは、経験が何より大切だということだ。陳腐な言葉でしかないが、これが偽らざる実感である。

私が弱冠二十五歳で独立し、大きな失敗もなく成長してこられた理由は、子供のころに

山で育ったという経験と、学生時代に数多くのアルバイトをしてきたという経験があったればこそだと思う。山で育って町に転居したことにより、私は両方の暮らしを肌で感じ取ることができた。それはどちらかの経験しか持たない人に対してはアドバンテージになったはずだ。

学生時代のさまざまなアルバイトは、社会勉強になったし、自分のアイデアで人を動かし、お金を稼ぐことのおもしろさを実感させてくれた。夜逃げ屋という強烈な体験は、事業に失敗することの恐ろしさを体に刻みつけてくれた。

今の時代は政治家が小粒であるといわれる。二世、三世議員がよく批判されるが、私は必ずしも二世、三世議員が悪いとは思わない。ただ言えることは、彼らの多くが経験不足であるということだ。人生経験が足りないから、話す言葉が薄っぺらに聞こえてしまうのだ。子供に必要以上の苦労をさせたくないという親心はわかるが、それが子供をスポイルしてしまうのだったら、逆効果でしかないだろう。

コロナ禍でリモートワークが流行したが、体験した人はみなリモートはリアルを一〇〇%代替するものではないことがわかっている。体験したからこそ、リアルの良さ、リモートの便利さが理解できるのだ。それがわからないと、他人の言うことに左右されてしまい、本質が見えなくなる。

では私はといえば、人生最大の苦難と思える家内の死を経験して、一時期は文字通り打ちのめされた。早く死んで家内のところに行きたいと本気で思うほどだった。だが、一周忌が過ぎ、新しい人生がスタートしてみると、今までの自分とはいろいろと違ってきた。例えば、感受性が強くなって涙もろくなった。映画やテレビドラマを見ていても、すぐ感動して涙が出てくるようになった。それも、お涙頂戴の場面だけでなく、普通の人が泣かない場面でも泣けてくるようになった。

涙が出るだけでなく、世の中のいろいろに対する感性も少し変わったと思う。特に自分の本業である医療や福祉に関して、今まで見えなかったものが見えるようになってきた。これも経験によって得たもののひとつなのかもしれない。

経験こそが人間を成長させる。経験のない人は、とにかく経験を積む機会を求めるべきだ。

「お元気三猿」のこと

日光の三猿と呼ばれる「見ざる」「聞かざる」「言わざる」のポーズをした三匹の猿は日本人なら知らない人はいないだろう。名工・左甚五郎作といわれるこの猿は庚申信仰によって日本で広く知られているが、三匹の猿というモチーフのルーツは、遠く古代エジプトにあるという。

三匹の猿が「見ない」「聞かない」「言わない」という論語の一節を表しているのは、中国から天台宗系の留学僧が持ち帰ったものらしい。それが庚申信仰と一緒に伝播したということだ。

秩父神社のお元気三猿

ところで、秩父神社には同じ左甚五郎の作と伝えられる三匹の猿がいる。こちらは日光とは反対で、「よく見て」「よく聞いて」「よく話す」というポーズをしており、「お元気三猿」と呼ばれている。秩父神社も日光東照宮と同様に徳川家ゆかりの神社なのだが、同じ作者で正反対のポーズというのが何ともおもしろい。

茶道の話

私が茶道の心得があると言うと、意外な顔をされることが多い。

なぜ私が茶道の心得があるかというと、交渉ごとで茶席に招かれた時に、茶道の心得があるとないとでは大違いだということを若い頃に学んだからだ。

義理があって断れない茶席に出た時、心得のない人は出されたお茶を前にしてどぎまぎしてしまう。もしもその茶席が何かの交渉ごとに絡んでいた場合、もうそれだけで気持ちの上で交渉ごとに負けてしまっている。

別に正しい所作ができないからと引け目を感じる必要はないのだが、心得がないと相手に呑まれてしまうのだ。

私はそれが嫌だったので、知り合いだった端唄・小唄師匠の若宮さんの紹介で、大日本茶道学会の先生に一年間みっちり教わり、ひと通りのことがわかるようになった。おかげで茶席の正客も務めることができるようになった。

正客というのはなかなか大変で、生け花がわかり、床の間にかけられた軸が読め、茶碗などの焼き物がわかり、茶道具に精通していなければならない。

私は初めて自宅を訪れたお客様には、お茶を振る舞うことにしているのだが、これまでに私のところに来た客のうち、上田元埼玉県知事や大野埼玉県知事、代議士経験者のみな

最近はご無沙汰だが、お茶の心得もある

さんなどは、ちゃんとお茶の作法を知っていた。さすがなものだと思った。

お茶の細かい作法は流派によって異なるので、要するに所作を堂々とやればいいのだ。堂々としていれば、多少のことは誤魔化せる。これは経営の世界でも同じで、初めて営業に行った場所でも、おどおどしないことが大事なのである。そのためにいろいろな基礎知識を仕込んでおくのだ。

相手の良いところ

家内に膵臓ガンが見つかり、余命半年を宣告された時、知人から「家内の良いところを一〇〇個書き出してみよ」とアドバイスされた。家内が半年後にこの世からいなくなってしまうことに狼狽していた私に対して、残された家内との日々を少しでも濃厚なものにするようにとの助言だったと思う。

書き出してみてまもなく、ペンを持つ手が止まった。一〇〇個どころか十個も書けないのだ。そんなはずはない。世界で一番愛している女性の良いところがこれしか書けないはずはないと、必死で思いを巡らせた。そうして書き上げたのが、次の項目である。

苦しいことに負けないところ　病に打ち勝つ姿勢　優しいところ　可愛いところ　気づかいができるところ　掃除が上手　料理が上手　洗濯が好き　買い物が上手　安いものを探すのが上手　人の気持ちがわかるところ　人に好かれるところ　私のために尽くしてくれるところ　潔癖主義なところ　私を叱ってくれる唯一の人であること　私と手をつなぐ唯一人の人であること　私の悪いところに意見する唯一の人であること　私のナンバーワンの理解者であること　私を心から褒めてくれる人であること　苦しくても苦しいと言わないところ　何時に寝ても必ず一番に起きること　元気の素を生む人であること　世界一の女性であること　私の分身を二人も生んでくれたこと　病気しないところ　我が家の太陽であること　声が聞こえるだけで元気と幸せを与えてくれる人であること　子供たちに優しいところ　ありがとうが言えるところ　苦手な事に挑戦する姿勢　我慢強いところ　弱そうで強いところ　子供たちとの強い絆があること　どこに何を置いているかをちゃんと覚えているところ　行ってらっしゃいの一言で元気をくれる人であること　お帰りなさいの一言で疲れを癒してくれる人であること　運転免許を持っていて買い物に行ってくれるところ　無駄づかいしないところ　世界中で一番守ってあげたい人であること

これでも三十九個しかないが、これだけ書き出すと自然に涙があふれてきた。そして「知り合ってから今までありがとう。生涯で本当に愛するのは美智代だけです」という言葉が自然に出てきた。

改めて身近な人の良いところを探して書き出すことで、平凡な毎日、変化のない当たり前の毎日がどんなにかけがえのない幸せなことであるかが理解できた。

みなさんも、試しに自分の配偶者や親、子の良いところを一〇〇個、書き出してみることをおすすめする。明らかに毎日が違って見えるようになるはずだ。

「心の中に生きる」ということ

家内が亡くなって悶々としていたころ、最愛の人を亡くした二人の人に会った。どちらも伴侶を亡くしてからそれなりの年月が経っているにもかかわらず、いまだに悲しみから立ち直れず、苦しんでおられた。

そんなとき、あるお坊さんに言われたことがある。

「この世で自分が幸せにならないかぎり、亡くなった人はあの世で幸せになることができません。亡くした人への愛着が強くて、遺品などをそのままにしていると、死んだ人が成仏できないのです」と。

私もその話を聞くまでは、家内の残したものにまったく手をつけられなかった。食べ物は腐ってしまうから消費したが、洋服や日用品などはそのまま手つかずにしていた。

私は遺品を整理することで家内の思い出が薄れていくのが怖かったのだと思う。そのうちに顔を忘れてしまったり、声を忘れてしまったりするのではないか。それが怖くて、すべての思い出の品をそのままにしていた。

でも、それではだめだと思った。それと同時に、「亡くなった人が心の中に生きる」とはどういうことなのかが、少しずつわかってきたような気がした。

最愛の人にあの世で幸せになってもらうためには、自分がまず気持ちに折り合いをつけて、自分も幸せにならなければいけないのではないか。少なくともその努力をしなければいけないということが、すとんと胸に下りてきた。

「亡くなった人が心の中に生きる」ということを、その人の思い出が生きているときのままに鮮明に記憶されていることだと思っている人がいるが、私は今ではそうではないと考えている。

人間だから、記憶はどんどん薄れていく。どんなに愛していた人でも、亡くなってから時間が経てばいろいろなことが霞んでいくのは仕方がない。でも、細かいことを全部忘れてしまっても、なおその人の存在感は自分の心の中に残り続けるはずだ。それが「心の中で生きている」ということではないかと思うようになったのだ。

故人の写真を見たり、動画を見たり、いろいろな遺品を見て思い出すのではなくて、何も見なくても、記憶が薄れても存在を感じられるようになることが、「心の中で生きている」ということだ。そうなって初めて、死者は成仏するのではないだろうか。

だから現実社会に残された家族は、気持ちが落ち着いたところで遺品を整理しなければいけないと思う。そうしなければ、故人が安心して成仏できないからだ。

とはいうものの、私にはまだ自分の手で家内の遺品を整理することは困難だ。そのために、遺品整理のプロに来てもらって整理をしている。「これは残すか、、捨てるか」の判断は、そのたびにいろいろな思い出が湧いてくるので、私にはできない。やはり第三者に判断を任せたほうがいいと思っている。もう大きなゴミ袋で十袋ぐらい捨てたが、まだまだ先は長い。

同じくお坊さんから聞いた話だが、あの世での一日は、この世の一年に相当するのだそうだ。だとすると、私が二、三十年後に死んだとしても、天国の家内にとっては一か月ぶりの再会でしかないことになる。もっとも、よぼよぼのおじいさんになった私の姿を家内が判別できればの話だが。

この世の一年はあの世の一日という考えは、私に大いなる安らぎを与えてくれた。「なんだ、一か月待たせるだけでいいのか」。そう考えれば、もう「早く家内のところに行きたい」とは思わなくなる。

それなら残された人生、自分の得意なことを最大限に活かして、思いきり生きてみようという気になる。家内の存在を心の中にしっかりと抱きながら、「一か月後にまた会える」という楽しみを胸に、頑張ってみたいと考えている。

政治への思いを息子に託す

「もしかしたらもう一度政治の世界で活躍することができるかもしれない」

そんなことを考えた日もあったが、体に不具合が出てしまってからは諦めた。政治家として活躍するためには、何より体が健康であることが条件だからだ。

こうして政治家としての私は終わったが、日高の街を元気にすることで世のため人のために役立ちたいという私の思いは、長男の将伍が継承してくれることになった。ありがたいことである。

なぜ息子がそう決意してくれたのか。それは将伍のパンフレットに書かれている。

＊＊＊

最愛の伴侶をなくした父は、毎日毎日泣いていました。そんな父を励ますにはどうしたらよいだろうか。悩んだ結果、父のそばにいることが一番の親孝行と考え、都内の会社を退職し、現在は父の会社で一緒に働いています。

地元に戻り生活する中で、地域のつながり、人と人とのつながりを大切に仕事がしたい、これから日高市で子育てをしていくこの街を、魅力あふれる元気な「まち」にしたいという想いがうまれてきました。

また、晩年母が父に対して、「これからも、生きがいである世のため、人のためがんばってね」、そして私に対して「パパを支えてあげてね」と言っていた言葉を思い出しました。「日本一誇れるふるさと日高」の創造へ向け、悲しんでいる人、困っている人の役に立ちたいという強い想いから、「日高のビタミン」として日高の新たなまちづくりに取り組んでいくことを決意いたしました。

＊＊＊

令和五年四月二十三日、日高市議会議員選挙が行われた。定数十六に対して現職十四人、新人十一人が立候補するという、埼玉県でも注目された激戦となった。将伍は三十一歳という若さと日高市生まれ、日高市育ちという地元民の利点を武器に選挙戦を戦った。

当初は「大丈夫かな」と心配だったが、たった一週間の選挙戦の間にみるみる逞しくなり、「若さってすごいな」ということを実感させられた。

息子のリーフレット

結果は新人ながら二位で当選し、ここに「二代目・日高のビタミン」が誕生した。私の思いを将伍が継いでくれたことに深く感謝するとともに、政治の世界で自分の出番がなくなったことに一抹の寂しさを感じている。正直なところ、「自分が出ても勝てたかな」という思いがないでもない。

しかし、ここから先は潔く政治の世界からきっぱりと身を引いて、仕事を通じてまちづくりの活動に従事していこうと思う。

おわりに

当初は果たしてページ数が書籍にする分量に達するか懸念していたが、いつの間にか二百ページを超えてしまった。父のこと、母のこと、自分のこと、家内のこと、そしてこれからの人生についてあれこれ考えたことを記しているうちに、ある程度まとまったのかと思っている。

読み返しているうちに、弟・博についての記載が少ないと気づいたので、ここに追加しておきたい。

博は、私が父と始めた藤和ホームで現在社長を務めてくれている。もともと税理士になりたくて勉強をしていたのだが、私が無理やり引っ張り込んだのだ。その意味では申し訳ないことをしたと思っている。

博は私の影になることが多く、いろいろと損をしている。私が盲腸で中学浪人になりそうだった時、博も同じ盲腸炎で入院していた。だが、私のほうが重症だったので、まったく目立たなかった。だから、いつかそういった借りを返せたらいいなと思っている。なかなか面と向かっては言えないので、ここに書いておくのだ。

本書のタイトルである「涙の数だけ強くなりたい！」は、わが家族が味わった数多くの苦難と、不屈の闘志でそれに立ち向かい、再起を果たしてきた物語を表す言葉として選んだ。最初は「涙の数だけ強くなる！」というタイトルだったが、それだと私が鋼の精神の持ち主であるかのように誤解されてしまいかねないと考え、最終段階で現在のものに改めた。私は情けないくらい弱い人間なのだ。

苦難は乗り越えなければ未来がないが、乗り越えたとしても苦難を受ける前に戻るわけではない。下半身不随になった父の人生でもわかるように、失ったものは単純に返ってはこないのだ。だが父は驚異的な意志の強さでリハビリに専念し、事故に遭う前とは違う人生を手に入れた。どちらが良かったのかは父に聞いてみなければわからないが、起きてしまったことはなかったことにはできない。ならば現実と向き合って自分なりに最善を目指すしかないわけだ。

本書が目指したのは、わが家族の不幸を自慢することではない。私達が経験した悲しい出来事と、それに向き合ってきた記録を多くの人に役立ててもらうことを目標にした。本書を著述してきて最後に強く思ったのは、「経験というものの重み」である。世の中の流れはＩＴのおかげでバーチャルやリモートが全盛になろうとしているが、それらは人間が得た経験を代替するものではない。あくまでもリアルな人生をサポートしてくれる便利な道具に過ぎないのだ。突然障がいを持ってしまった人の気持ち、家族がそんな目に遭ってしまった人たちの思い、まだまだ人生が続くと信じていたところにがん宣告された人の絶望、最愛の人の命が消えていくのを見守るしかない人の苦悩。本書ではそんな現実を詳しく述べたつもりである。一人でも多くの人の役に立つことを願ってやまない。

本文でも記したが、家内を失ってから私もパーキンソン病を発症し、日に日に歩行が困難になっている。政治家の仕事を息子に託したのも、主としてこれが原因だ。パーキンソン病は難病指定されている病気で、現代の医学では完治の方法が見つかっていない。薬とリハビリで病気の進行を抑えるしかないのが現状だ。精神と運動能力、睡眠が損なわれ、時として鬱の症状に襲われる。「死にたい」という衝動にかられるのも珍しいことではない。要するに、介護施設を経験している私が、介護を受ける人の立場をリアルに経験しているということである。

だが、見方を変えればそれは天が私に与えてくれた大いなるヒントとも言える。歩けない人、認知症の人、半身麻痺の人の気持ちをすべてわかった上で介護施設を運営せよというメッセージと受け取ることもできるのだ。実際、私はパーキンソン病になってから福祉に対する考えが大きく変わった。これからの施設は高齢者が楽しんで余生を送れるものにしなければだめだと考えるようになった。屋上庭園のある施設、車いすで回遊できるバラ園、高齢者がアクセスできる農園など、福祉施設の建設にかけられる予算には限りがあるが、そういうものが実現できないかを真剣に検討するようになった。

最後に、みなさんにぜひお伝えしておきたいことがある。それは、目の前にいる大切な人を大事にしてあげなさい、ということだ。当たり前だと思っている日常は、意外に早く失われてしまうものだ。今、私の耳元には家内が最後の日々で私に告げた「パパ、泣かないで」という言葉が響いている。その言葉を励みに、私はもっと強くなりたい。そして、私のような悲しみに打ちのめされる人をひとりでも少なくしたい。そのための次回作はすでに構想にある。みなさんとは、その本でまたお目にかかりたい。

著者

涙の数だけ強くなりたい！

ISBN978-4-89623-206-6

2023年9月16日　初版発行

著　者　加藤　清

発行所　有限会社　悠々社
〒355-0328
埼玉県比企郡小川町大塚1168-5-3F
TEL 0493(59)9071　FAX 0493(59)9074
http://yuyusha.co.jp

発行者　山崎　修

発売所　まつやま書房
〒355-0017
埼玉県比企郡東松山市松葉町3-2-5
TEL 0493(22)4162　FAX 0493(22)4460
http://www.matsuyama-syobou.com

印刷所　株式会社HOKUTO